HEALING SPEECH
ヒーリング・スピーチ

装　　幀　PARK. Sutherland inc.
ナレーター　Howard Colefield
録　　音　株式会社巧芸創作

HEALING SPEECH
Copyright © 2012 by Jeong Seok Kyo
All rights reserved
Original Korean edition published by RH Korea Co., Ltd.
Japanese translation rights arranged with RH Korea Co., Ltd.
through Eric Yang Agency, Inc. Seoul.
Japanese translation rights © 2014 IBC Publishing, Inc.

※各スピーカーの肩書や略歴は、スピーチ時または原書出版当時のものです。

HEALING
ヒーリング・スピーチ
SPEECH

著者：チョン・ソッキョ
Jeong Seok-Kyo

訳者：藤田優里子

IBCパブリッシング

はじめに

作家はいつでも、いつかどこかで必要としてくれる人たちのために本を書くべきだと思っています。また、本を書くだけではなく、読者にもっとも必要な情報を提供することも、やはり作家の役割ではないかと思います。しかし、本書では作家としてではなく、読者として、自分にもっとも必要な物語を集めました。

一日の始まりに、このヒーリングの言葉をくりかえして、自分を振り返ってみます。今まで歩んできた道と、これから歩んでゆく道について考えながら、閉じた心を開き、謙虚な気持ちになり、世の中に感謝するための祈りの時間が必要でした。朝に一度読んだまま忙しく一日を過ごしたとしても、静かに眠りに就く前に心に浮かんでくるような、ヒーリングの言葉をひたすら求めてきました。本書が日常にヒーリングエネルギーをもたらし、自分自身の明るいエネルギーでまわりを明るく照らすことができれば幸いです。

『ヒーリング・スピーチ』は心で読む本です。ヒーリングを行うために読むのではなく、たまたま出会った言葉によって世の中が違って見えてきて、生きて呼吸をする、この瞬間を感謝できるようになればよい、と思っています。言葉だけが騒がしいようなスピーチ集ではなく、本書では、読者のみなさんに穏やかに休息や自由を得たり、疲れた日常の中で森の道を歩いているような爽快感を感じたりしていただきたいと考えています。より多くのもので満たそうとすれば、そこにあるものを捨てる必要があるように、ヒーリング・スピーチによって、軽やかな心で新しい跳躍に挑んでいただきたいと思っております。

人が安全な道を探してさまよっているときに、想像の限界を超えた夢を追って、誰も行かない道を一人で開拓してきたグローバルリーダーたち。彼らが世界中の若者たちに話した物語には率直な、魂を揺さぶるヒーリングの力があります。彼らの話をすべて聞かなくても、本書に収められている言葉によって人生の航路を変えることができれば、本書を企画した甲斐があるというものです。

本書から得たヒーリングエネルギーによって、私も新しい挑戦を始めました。読者の皆様にとって、本書が新しい挑戦への一歩となることを願っております。

チョン・ソッキョ

01
Find Your Passion
情熱を見つけなさい 8

02
Have Confidence in Yourself
自信を持ちなさい 16

03
Dream Big! Think Big!
夢は大きく！大きなことを考えよ！ 26

04
Take Action Quickly. And Create Opportunities
まずは行動せよ。そして、機会を作りなさい 34

05
Do Not Give Up
あきらめるな 42

06
It's Ok To Fail
失敗したっていい 50

07
You Do Not Need To Be Perfect
完璧じゃなくてもいい 60

08
Use Your Imagination And Creativity
想像力と創造力を持て 70

09
Follow Your Heart And Your Intuition
あなたの心と直感に従いなさい 76

10
Do What You Love
心から好きなことをしなさい 84

11
Yes! You Can Do Anything
そうだ！あなたは何だってできる 94

12
Take Risks
リスクを負いなさい 104

13
Embrace Change And Learn To Deal With Uncertainty
変化を受け入れて、不確かなことに対処しなさい 112

14
Be Persistent
粘り強くあれ 120

15
Live Now
今を生きる 130

16
Share What You Have
あなたのものを分かちあう 136

17
Keep Learning
学び続けなさい 146

スピーカー索引 153

TRACK 1

01
Find Your Passion
情熱を見つけなさい

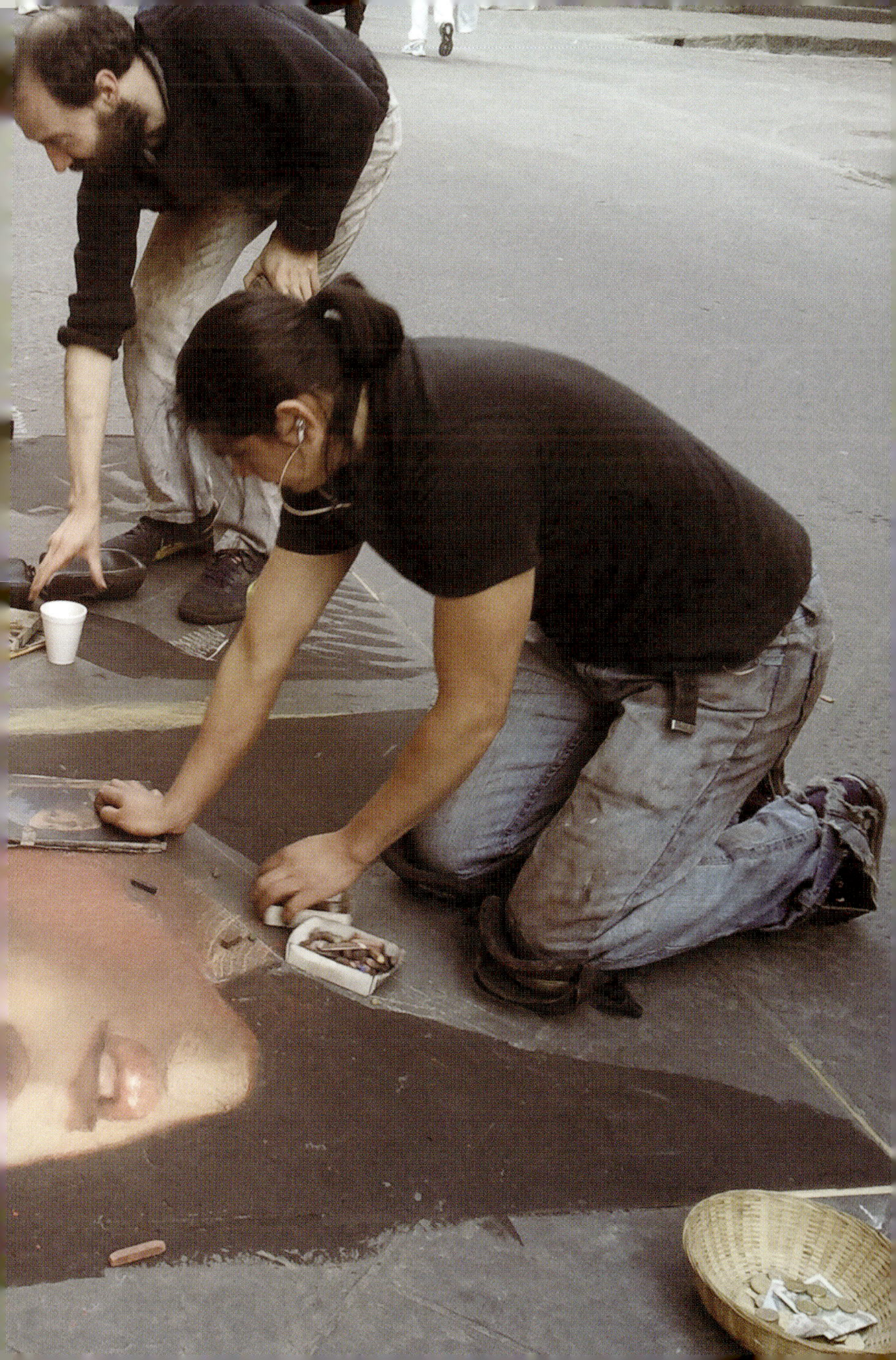

You can Google for an answer.
You can Google for a mate.
You can Google for a career.
But you can't Google to find what's in your heart — the passion that lifts you skyward.

—Joe Plumeri, Commencement Address at College of William and Mary, 2011

グーグルで検索して、答えを得ることができます。
グーグルで検索して、友だちも見つかります。
グーグルで検索して、仕事についても調べられます。
でも、あなたの心の中にあるもの——空高くへと舞い上がらせる情熱を
グーグルで検索することはできません。

——ジョー・プルメリ、2011年ウィリアム・アンド・メアリー大学卒業式祝辞

PLUS

Google グーグルで検索して〜を探す　**what is in your heart** あなたの心の中にあるもの　**lift** 持ち上げる　**skyward** 空へ、上に　**commencement** 学位授与式、卒業式

★ジョー・プルメリ：ウィリスグループ最高執行責任者

米国の最大手投資会社に勤務していた経験をもとに、投資企業を保険会社に合併して、わずか8年で企業を2倍以上に成長させた。1944年米国ニュージャージー生まれ、ウィリアム・アンド・メアリー大学、ニューヨーク大学ロースクールを卒業。その後、米国の投資会社カーター・バーリンド・ポトマ＆ワイルに入社。米国の最大手投資諮問会社のひとつであるシアーソン・リーマン・ブラザーズ、シティグループ、金融持株会社であるプリメリカの最高経営責任者を経て、2000年10月15日、ウィリスグループの会長兼最高経営責任者に任命される。

Find your passion. Lots of people will glibly say this to you. Here's what I mean. I'm not referring to passing fancies. The passion I want you to find takes work. It represents less an emotional sensation than an intellectual achievement. You won't find it by sitting passively in the classroom or surfing the web. You have to work hard at finding something you can tackle with passion for a big chunk of your life and find meaning in it. That's an active and an urgent task. You need to start it now.

—*Jim Yong Kim, Inauguration of 17th President of Dartmouth, 2009*

あなたの中に情熱を見い出しなさい。そんなふうに大勢の人たちにもっともらしく言われるでしょう。でも、私はこのように考えています。情熱とはいっときの気まぐれではありません。あなたに見い出してほしい情熱には、努力が必要です。情緒的な感覚というよりは、知的に成し遂げるものなのです。受け身の姿勢で教室に座っているだけ、ネットサーフィンをしているだけでは見つかりません。人生という膨大な日々のために、一生懸命、情熱を持って取り組める何かを探して、そこに意味を見い出さなくてはならないのです。それは、まさに進行中のことで、すぐにでも取り掛からなくてはなりません。始めるのは、今なのです。

——ジム・ヨン・キム、2009年ダートマス大学17代総長就任演説

PLUS

passion 情熱 glibly 口先だけの、もっともらしい passing fancies 思いつき、気まぐれ represent 意味する sensation 感覚、感情 intellectual achievement 知的業績 by sitting passively 受動的に座って tackle 仕事（問題）に取り組む chunk（大きな）かたまり urgent 緊急の inauguration（大統領、教授等の）就任（式）

★ジム・ヨン・キム：第12代世界銀行総裁

マスカティーン高校を首席で卒業。学生時代には生徒会長やフットボールチームのクォーターバック、バスケットボールチームのポイントガードとして活躍した。アイビーリーグのひとつであるブラウン大学を経て、ハーバード大学で医学博士と人類学博士の学位を取得。1987年、ハーバード大学時代の友人ポール・パーマーとともに国際的な医療奉仕組織PIHを設立し、中南米等の貧困地域で疾病を根絶するための医療救援活動を始める。2004年、世界保健機構（WHO）エイズ局長を務め、ハーバード大学医学部国際保健社会医学科長を歴任。2009年、米国アイビーリーグであるダートマス大学総長にアジア系では初めて選任され、ダートマス大学の改革を導いた。2005年に「米国最高の指導者25人」、2006年には米国『タイム』誌の「世界でもっとも影響力のある100人」に選ばれる。

In the depths of darkness you will find that you have an inextinguishable light in your heart. In the most cold winter you will discover that within you there is an invincible spring. This is who you are. And when you meet those moments, what you do there will not be just defining you but it will give liberation and light to all those who bear witness to your being.

—Cory Booker, Commencement Address at Pitzer College, 2010

深い暗闇で、心の中の消すことができない光に気づくでしょう。もっとも寒さの厳しい冬の日にも、あなたの中に揺るぎない春の日を見い出すでしょう。それが、あなたなのです。そんな苦しい瞬間にめぐりあったとき、そこで行うことは、あなたがどういう人間なのかを明らかにするだけではありません。あなたの存在を立証してくれる、すべての人々に自由と光を与えることでもあるのです。

———コリー・ブッカー、2010年ピッツァー大学卒業式祝辞

PLUS

inextinguishable 消すことができない discover 発見する invincible 揺るがない、無敵の define 定義する liberation 自由 bear witness to ～を立証する your being あなたの存在

★コリー・ブッカー：米国ニュージャージー州ニューオーク市市長
燃えさかる民家に入っていって市民を救助したというエピソードから、「ブッカー・スーパーマン」という別名を持つ。ローズ奨学金を受けてオックスフォード大学で学び、エール大学法学博士の学位を取得。その後、弁護士として活動しながら低所得者層のための無料法律相談を引き受ける。

The way to be happy is to like yourself and the way to like yourself is to do only things that make you proud.

—*Mark Lewis, Commencement Address at University of Texas, 2000*

幸せになるには、自分を愛することです。自分を愛するには、ただ、あなたが誇りに思えることをするのです。

——マーク・ルイス、臨床心理学教授、2000年テキサス大学卒業式祝辞

PLUS
the way to 〜 〜するための方法　proud 誇りに思う

Be passionate. Do what you love, even if you don't love it every day.

—*Katie Couric, Commencement Address at Williams College, 2007*

情熱的でありなさい。そして、あなたが愛することを行いなさい。ときには、それを愛せなくても。

——ケイティ・クーリック、2007年ウィリアムズ大学卒業式祝辞

PLUS
passionate 情熱的な　even if たとえ〜であっても
★ケイティ・クーリック：ニュースキャスター
米国を代表する女性ニュースキャスター。NBCやCBSを経て、現在はABCで番組を担当している。

Stay obsessed. That thing you can't stop thinking about? Keep indulging it. Obsession is the better part of success. You will be great at the things that you cannot do.

—Adam Savage, Co-host of the Discovery Channel MythBusters, Commencement Address at Sarah Lawrence College, 2012

ひとつのことにこだわり続けなさい。考え出したら止まらないようなことに、没頭しなさい。成功するには、こだわり続けることです。無理だと思っていたことにも、熟達できるでしょう。

――アダム・サヴェッジ、ディスカバリー・チャンネル『怪しい伝説』の司会者、2012年サラ・ローレンス大学卒業式祝辞

PLUS
obsessed ～に心を奪われている　indulge 熱中する　obsession 執着

Be a doer and not a critic. Human progress has never been shaped by commentators, complainers, or cynics. Progress is forged by the courage of the change-maker. Courage is not the absence of fear, it's the overcoming of fear.

—Tony Blair, Former British Prime Minister, Commencement Address at Colby College, 2012

批評するのではなく、実行する人でありなさい。人類の進歩は論評家や不平や皮肉を言う人によって成し遂げられたのではありません。進歩は、変化を起こす人の勇気によって創りだされます。勇気とは怖れを知らないことではなく、怖れを克服することです。

――トニー・ブレア、英国元首相、2012年コルビー大学卒業式祝辞

PLUS
doer 実行する人　critic 批評家　commentator 論評家、解説者　complainer 不平を言う人　cynic 皮肉屋　be forged by ～によって構築される　change-maker 変化を起こす人、革新家　absence 不在、欠如　overcome 克服する

The one thing that you have, that nobody else has, is you: your voice, your mind, your story, your vision. So, write and draw and build a play and dance and live as only you can. The moment that you feel that, just possibly, you're walking down the street naked, exposing too much of your heart and your mind and what exists on the inside; showing too much of yourself; that's the moment you may be starting to get it right.

—*Neil Gaiman, Bestselling Author,*
Commencement Address at The University of Arts, 2012

他の人が持っていない、あなただけのもの——声、心、物語、ヴィジョン、それがあなたなのです。だから、ものを書き、絵を描いて、演劇を創作し、ダンスを踊り、あなただけの人生を生きなさい。心や精神、内面にあるものをすべてさらけ出して、裸で通りを歩いているように感じることがあるかもしれません。自分自身をあまりに誇示しているように思えるかもしれません。そのとき、あなたは正しい道を歩みはじめているのです。

——ニール・ゲイマン、ベストセラー作家、2012年フィラデルフィア芸術大学卒業式祝辞

PLUS

play 劇、演劇 naked 裸の expose 露出する exist 存在する

TRACK 2

02
Have Confidence in Yourself
自信を持ちなさい

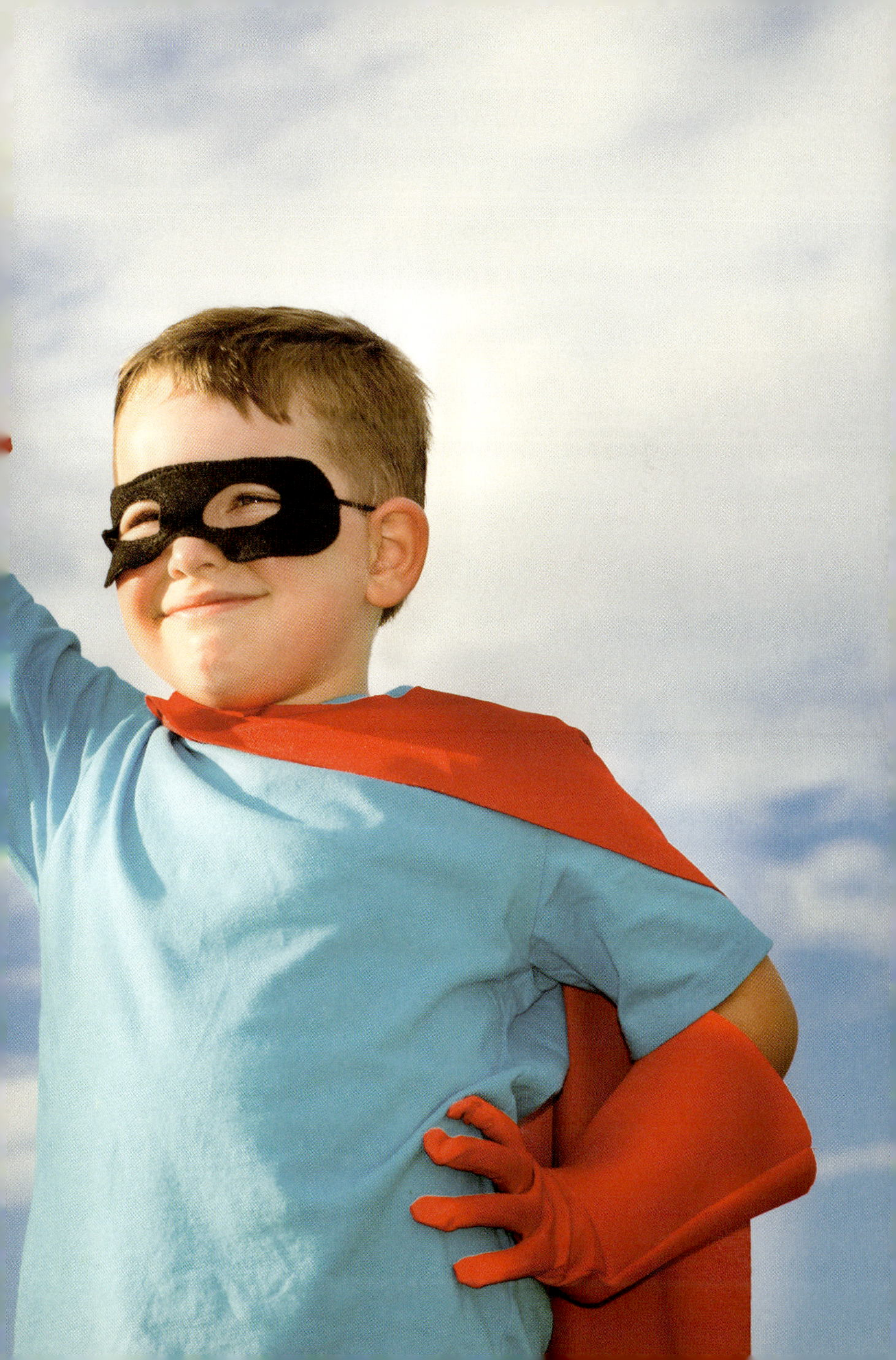

We live by what we believe not by what we see.

—Angela Ahrendts, Commencement Address at Ball State University, 2010

私たちは信じるものに従って、生きているのです。見えているものに従ってではなく。

——アンジェラ・アーレンズ、2010年ボールステイト大学卒業式祝辞

........................PLUS
★アンジェラ・アーレンズ：バーバリー最高経営責任者
「私はグッチやシャネルなどを競争すべきブランドとは考えてはいません。まったく意識もしていません。唯一、ロールモデルとして考えるブランドがあるとしたら、それはAppleです。Appleはライフスタイルを創造しようと努力する、卓越したデザイン会社です。それは、私がバーバリーを展望するやり方でもあるのです」という言葉で知られている。彼女はファッションブランドであるバーバリーのデジタル化を成功に導いている。

We all go through life bristling at our external limitations, but the most difficult chains to break are inside us.

—Bradley Whitford, Commencement Address at University of Wisconsin, 2006

私たちはみな、外部からの制約を障害としながら生きてゆきます。でも、もっとも打ち破りがたい束縛は私たちの内側にあります。

——ブラッドリー・ウィットフォード、2006年ウィスコンシン大学卒業式祝辞

........................PLUS
go through 経験する　life bristling 人生の苦痛, 哀歓, 障害物　external limitations 外的な限界

★ブラッドリー・ウィットフォード：俳優
ウィスコンシン州で生まれ、ウェズリアン大学を卒業。出演作は『キャビン』、『ボトル・ドリーム カリフォルニアワインの奇跡』、『アメリカン・クライム』、『セント・オブ・ウーマン／夢の香り』等。

The only limits that really matter are the ones you put on yourself.

—*Carly Fiorina, Former CEO of HP, Commencement Address at MIT, 2000*

真に問題としなければならない制限は、あなたが自分自身に課したものだけです。

——カーリー・フィオリーナ、ヒューレット・パッカード元最高経営責任者、2000年マサチューセッツ工科大学卒業式祝辞

PLUS

limit 限界　matter 重要だ、問題だ　put on 身につける、かける

Don't let your fears overwhelm your desire. Let the barriers you face — and there will be barriers — be external, not internal. Fortune does favor the bold, and I promise that you will never know what you're capable of unless you try.

—*Sheryl Sandberg, Commencement Address at Barnard College, 2011*

あなたの願望を怖れによって打ち砕いてはなりません。あなたが直面している障害、そしてこれから直面しようとしている障害を内側に招き入れてはいけません。外側においておくのです。幸運は勇気ある者を助けます。やってみないかぎり、あなたに何ができるのかはけっしてわからないのです。

——シェリル・サンドバーグ、2011年バーナード・カレッジ卒業式祝辞

PLUS

overwhelm 圧倒する　desire 願い、渇望　barrier 障害物　external 外部の　internal 内部の　do a favor 恩恵を施す　capable of ～をすることができる

★ シェリル・サンドバーグ：Facebook最高執行責任者
1995年、ハーバード経営大学院を卒業。Googleのグローバルオンライン運営副会長を経て、2008年、Facebookの最高執行責任者に就任。スターバックスやウォルト・ディズニーの理事を兼任。

I want to admit that I am an optimist. Any tough problem, I think it can be solved.

—*Bill Gates, Mosquitos, Malaria and Education*

私は楽天家だと認めます。どんなに難しい問題でも、自分には解決できると考えるからです。

——ビル・ゲイツ、「蚊、マラリア、教育について」講演より

PLUS

★ビル・ゲイツ：Microsoft元会長、ビル＆メリンダ・ゲイツ財団共同会長

Whatever blocks you encounter, you have learned that there is a way over, around or through them. It is not those obstacles that inhibit your progress but your confidence, and will break the inertia of fear and doubt.

—*Douglas Smith, Commencement Address at DeVry University, 2010*

どんな障害に出会っても、あなたはそれを乗り越え、迂回し、突破する方法を知っています。あなたの進歩を阻むのはそのような障害ではなくて、あなたの自信です。それによって、惰性で抱いている怖れや疑いを打ち破ることができるのです。

——ダグラス・スミス、2010年デブライ大学卒業式祝辞

PLUS

encounter 出会う、遭遇する　obstacle 障害物　inhibit 抑制する、妨げる
confidence 自信、確信、度胸　inertia 無力、惰性、慣性

★ダグラス・スミス：国連環境大使、オーストラリア専門旅行会社代表

When you start out on a career in the arts you have no idea what you are doing. This is great. People who know what they are doing know the rules, and know what is possible and impossible. You do not. And you should not. The rules on what is possible and impossible in the arts were made by people who had not tested the bounds of the possible by going beyond them. And you can. If you don't know it's impossible it's easier to do. And because nobody's done it before, they haven't made up rules to stop anyone doing that again, yet.

—Neil Gaiman, Bestselling Author,
Commencement Address at The University of Arts, 2012

芸術の分野で仕事を始めようとしても、あなたには何をすべきかもわからないでしょう。それはすばらしいことです。何をすべきかを知っている人々はルールを知っているのです。だから、何が可能なのか、すでにわかっているのです。あなたにはわかりません。わかるべきではないのです。芸術において何が可能か否かのルールは、可能性の限界を超えることによって、その限界を知ろうと試みたことのない人々によって作られました。そして、あなたにはできます。それが不可能だと知らないほうが、楽にできます。試した人がいないから、誰かがそれを行うのを止めるようなルールも作られなかったのです。

——ニール・ゲイマン、ベストセラー作家、2012年フィラデルフィア芸術大学卒業式祝辞

───────────── PLUS

bound 範囲、限界　　**the possible** 可能性

What I love about art — and probably the reason that I've been drawn to contemporary art — is being able to talk to the artists and architects. Up to that point, I had been spending all of my time with business people — lawyers, bankers, investors, and I thought there must be more to the world than their way of thinking. Getting involved in the arts and meeting the artists gave me a broader perspective and made me a better person. As artists, you will have an impact on people — more so than lawyers, engineers, accountants or corporate CEOs — because your work will touch people...move them...disturb them...fill them with joy and enlightenment. Many of you probably faced skepticism when you told your parents, your family and your friends that you wanted to study art and architecture. I'm here to tell you that you made the right decision.

—Eli Broad, Commencement
Address at UCLA School of Arts and Architecture, 2006

おそらく現代美術に惹きつけられた理由でもありますが、私が芸術を愛するのは、芸術家や建築家たちと話すことができるからです。それまでは、ほとんどの時間を弁護士や銀行家、投資家のようなビジネス関連の人たちと過ごしてきました。でも、世の中には彼らの思考方法を超える何かがあるにちがいないと思ったのです。芸術に夢中になり、芸術家たちに会うことで、私はより広い視点を与えられて、より向上しました。芸術家として、あなたたちは人々に影響を与えなければいけません。弁護士やエンジニア、会計士や企業の最高経営責任者たちよりも多くの影響を与えなければならないのです。それは、あなたの作品が人々の心に触れ、感動を与え、心をかきみだし、彼らの人生を歓喜と啓蒙で満たすからです。両親や家族、友人たちに芸術や建築を学びたいと話したとき、あなたたちのほとんどが懐疑的な反応にあったでしょう。あなたの決断は正しかった。それを伝えるために、私はここにいるのです。

――エリ・ブロード、2006年カリフォルニア大学ロサンゼルス校芸術・建築学部卒業式祝辞

------------------------------PLUS

be drawn to 〜に惹きつけられる contemporary art 現代美術
architect 建築家 get involved 引き込まれた perspective 観点、視点
impact 影響力 disturb 妨害する skepticism 懐疑、懐疑論

★エリ・ブロード：サンアメリカ創業者
保険会社サンアメリカ創業者（2000年AIGに売却）。米国の億万長者。毎年、平均して約2億ドルずつ寄付を行い、「寄付の天才」とたたえられている。

No one had any expectations for us, except our parents who believed in us when no one else did.

—*Yvonne Thorton, Pulitzer Prize Nominated Author, Commencement Address at Tuskegee University, 2003*

誰も信じてくれなくても私たちを信じてくれた両親を除けば、私たちに期待する人などいませんでした。

——イヴォンヌ・ソートン、ピューリッツァー賞ノミネート作家、
2003年タスキーギー大学卒業式祝辞

PLUS

expectation 期待　except 〜を除いて

★イヴォンヌ・ソートン：作家
産婦人科医。ピューリッツァー賞ノミネート作家。代表作は『The Ditchdigger's Daughters』、『Something to Prove: A Daughter's Journey to Fulfill a Father's Legacy』等。

Don't be afraid to be afraid. Courageous people often are afraid. In fact, that's why they need courage in the first place! Have the courage to go beyond your fears. Have the courage to go beyond judgment. Have the courage to go beyond shoulda-coulda-woulda — go beyond others' rules and expectations.

—Maria Shriver, Journalist, Commencement Address at University of Southern California's Annenberg, 2012

「怖れること」を怖れないでください。勇気ある人々も頻繁に怖れるものです。実は、そのせいで彼らはまず勇気を必要とするのです！　怖れを乗り越えるために、勇気を持ってください。批判を乗り越えるために、勇気を持ってください。「すべきだった」「できたはずだった」「しただろう」という他人が作り上げたルールや期待を乗り越えるために、勇気を持ってください。

――マリア・シュライバー、放送ジャーナリスト、
2012年南カリフォルニア大学アーネンバーグ校卒業式祝辞

PLUS

in the first place まず第一に、最初に　go beyond 〜を越える　shoulda-coulda-woulda それぞれ、should have、could have、would have の略（主に過去の事実について後悔して、何かをしていればよかったという意味）

★マリア・シュライバー：放送ジャーナリスト
放送ジャーナリスト、作家、女優。アーノルド・シュワルツェネッガー元カリフォルニア州知事の元夫人。

TRACK 3

03

Dream Big! Think Big!
夢は大きく！　大きなことを考えよ！

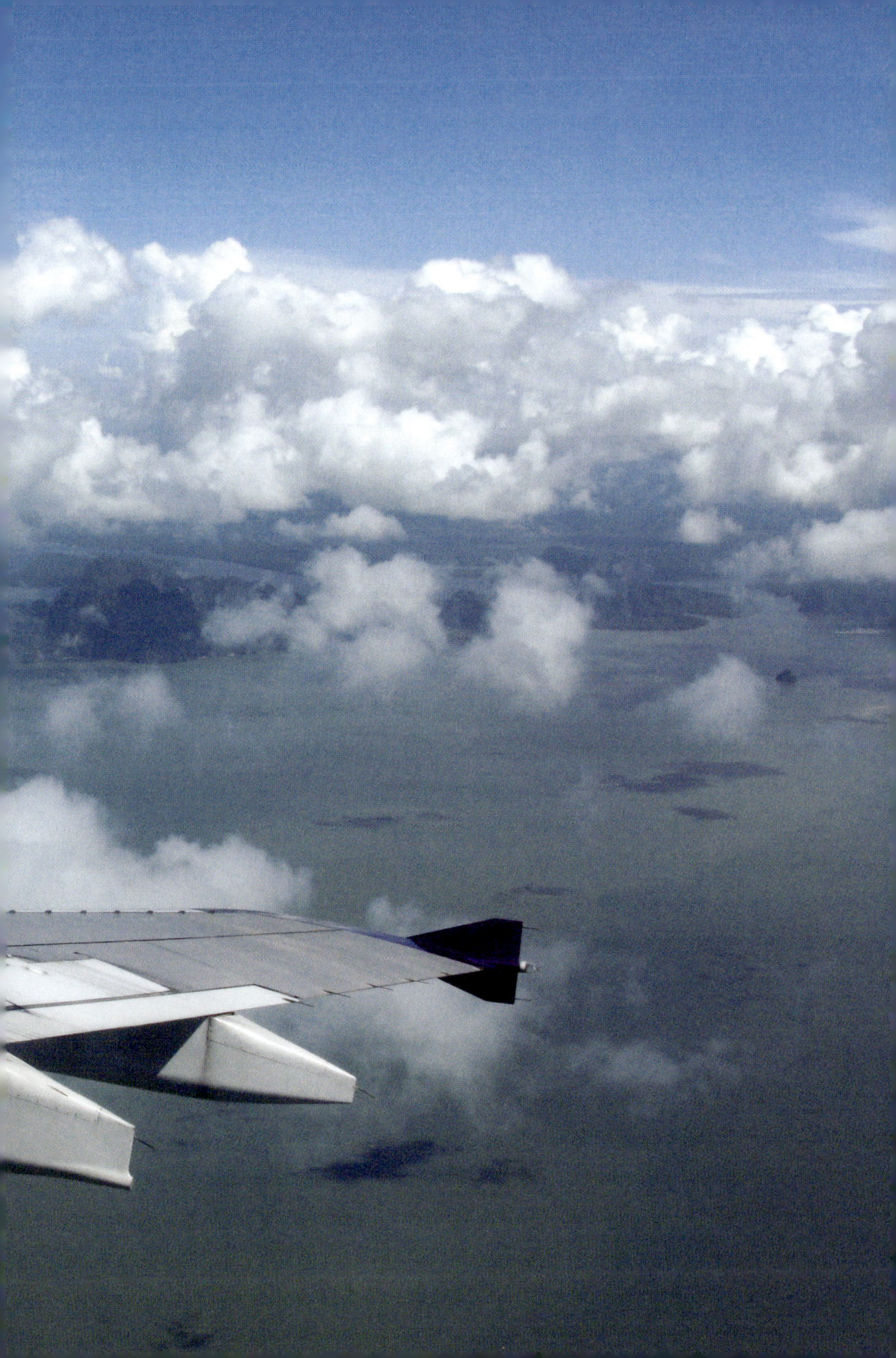

Think big, in fact think about the whole planet. Do something great with all you've got. Be ambitious. Aspire to change the world.

—*Jim Yong Kim, World Bank President,*
Inauguration of 17th President of Dartmouth, 2009

大きなことを考えなさい。つまり、地球全体のことを考えなさい。あなたのすべてをもって、偉大なことを成し遂げなさい。野心を持つのです。世界を変えるという大志を抱くのです。

――ジム・ヨン・キム、2009年ダートマス大学17代総長就任演説

PLUS
ambitious 大望を抱いた、野心的な　**aspire** 熱望する、志望する

Last but not least, I would say you should have big dreams, full dreams, not half dreams. You know, it's very simple. You can't put a large box in a small box. Well, you cannot put a full life in a small dream box.

—*Elias Zerhouni, Commencement Address at MIT, 2004*

大事なことを言い残しましたが、あなたたちは大きな夢を持たなくてはなりません。中途半端な夢でなく、完璧な夢をです。それは、とても簡単なことです。小さな箱に、大きな箱は入れられません。そう、小さな夢の箱に、完璧な人生を入れることはできないのです。

――エリアス・ザフーニ、2004年マサチューセッツ工科大学卒業式祝辞

PLUS
last but not least　最後に述べるがけっして軽んじられない

★エリアス・ザフーニ：最高保健評議会議員
アルジェリア出身。ジョンズ・ホプキンス大学医学部副学長。2002年〜2008年、米国の国立衛生研究所（NIH）長官に任命される。現在、カタールにおける保健医療分野の最高議決機構である最高保健評議会の議員として活動中。

I know that luck has a way of happening to people who shoot high, who never sell themselves short.

—*Terry Teachout, Commencement Address at Hamilton Holt School, 2011*

幸運とは、常に高みをねらい、けっして自分自身を軽んじることのない人々にもたらされるものです。

——テリー・ティーチアウト、2011年ハミルトンホルトスクール卒業式祝辞

PLUS

sell short 軽視する、低く評価する

★テリー・ティーチアウト：コラムニスト
『ウォールストリート・ジャーナル（WSJ）』の著名なコラムニスト。文化評論家。コラムでニューヨーク・フィル・ハーモニックのピョンヤン公演に対して強い反対を表明したことがある。

I had this dream, and I really wanted to be a star. And I was almost a monster in the way that I was really fearless with my ambitions.

—*Lady Gaga*

私には夢があって、本当にスターになりたいと思っていました。私はほとんどモンスターのようでした。野心に満ちあふれて、怖れをまったく感じなかったのです。

——レディー・ガガ

PLUS

monster 怪物、モンスター　**fearless** 怖れを知らない

★レディー・ガガ：歌手
米国のシンガー・ソング・ライター。パフォーマンス・アーティストとして、2010年米経済誌『フォーブス』の「世界でもっとも影響力のある女性100人」の7位に選ばれる。代表曲は「Just Dance」、「Poker Face」等。

It is very common to tell graduates: dream and dream big. I say do more than that. When you dream you are in an unconscious state. It ends. You wake up. It's not real. You need to create a vision. This takes determination, and a plan that takes your dream to a destination.

—*Roger Goodell, Commencement Address at UMass Lowell, 2010*

卒業式で「夢を持ちなさい、大きな夢を」とは、よく言われることでしょう。しかし、私はそれ以上のことをしなさいと言いたいのです。夢を見ているときは無意識です。夢が終わり、あなたは目覚めます。それは本当は違います。あなたはヴィジョンを創り出さなくてはならないのです。そのためには決意と、夢を目的地まで導くための計画が必要です。

──ロジャー・グッデル、2010年マサチューセッツ大学ローウェル校卒業式祝辞

PLUS

common 一般的な、よくある　graduate 卒業生、卒業する　dream 夢を見る　unconscious state 無意識な状態　determination 決断、決意　destination 目的地

★ロジャー・グッデル：米国のNFL（ナショナルフットボールリーグ）コミッショナー

NFL組織を他のスポーツやエンターテインメント会社を網羅する団体に作り上げたと評価されている。ポール・タグリアブ（元NFLコミッショナー（1989-2006））の後を継いで、NFLコミッショナーを務める。スポーツ分野でもっとも影響力のある人物として称賛されている。

Martin Luther King, Jr. gave the 'I have a dream' speech, not the 'I have a plan' speech.

—*Simon Sinek, How great leaders inspire action*

マーティン・ルーサー・キング・ジュニアは「私には夢がある」と演説しました。「私には計画がある」ではなく。

——サイモン・シネック、「優れたリーダーはどうやって行動を促すか」講演より

........................PLUS

- ★サイモン・シネック:『WHYから始めよ!——インスパイア型リーダーはここが違う』の著者
- ★マーティン・ルーサー・キング・ジュニア:米国の黒人人権運動家

I think it is often easier to make progress on mega-ambitious dreams. I know that sounds completely nuts. But, since no one else is crazy enough to do it, you have little competition. There are so few people this crazy that I feel like I know them all by first name. They all travel as if they are pack dogs and stick to each other like glue. The best people want to work the big challenges. That is what happened with Google.

—Larry Page, Google CEO,
Commencement Address at University of Michigan, 2009

ときに、非常に野心的な夢を押し進めるほうがやさしいことがあります。とても馬鹿げていると思うでしょう。しかし、それを実行するほど常軌を逸した人はいないので、競争をしなくてすむのです。その名前をファーストネームですべて言えるほど、常軌を逸した人は多くありません。彼らは犬が群れをなすように、ともに行動し、糊のようにお互いに離れません。最高の人材は大きな挑戦を望んでいるものです。それが、Googleで起こっていることなのです。

——ラリー・ペイジ、Google最高経営責任者、2009年ミシガン大学卒業式祝辞

PLUS

nuts 気の狂った、正気ではない competition 競争 pack 群れ、集団
stick くっつく、貼る glue 糊 challenge 挑戦

You should always feel in life, and your job, that your actions have a good purpose behind them. They better the world in some way. Don't ever do something just because it's an assignment. You better believe there is some end goal that is good for the world.

*—Steve Wozniak, Apple Co-founder,
Commencement Address at Santa Clara University, 2012*

人生において、職場において、あなたはよい目的があって行動していると常に考えるべきです。その行動によって、この世の中が何らかの方法で改善されます。任務だからという理由だけで、何かを行ってはなりません。そこには最終目標があって、それは世の中にとってよいことだとあなたは信じてもいいのです。

──スティーブ・ウォズニアック、Apple共同設立者、2012年サンタクララ大学卒業式祝辞

PLUS

purpose 目的　better いっそうよく、さらに多く　in some way 何とかして　assignment 課題、任務　end goal 最終目標

TRACK 4

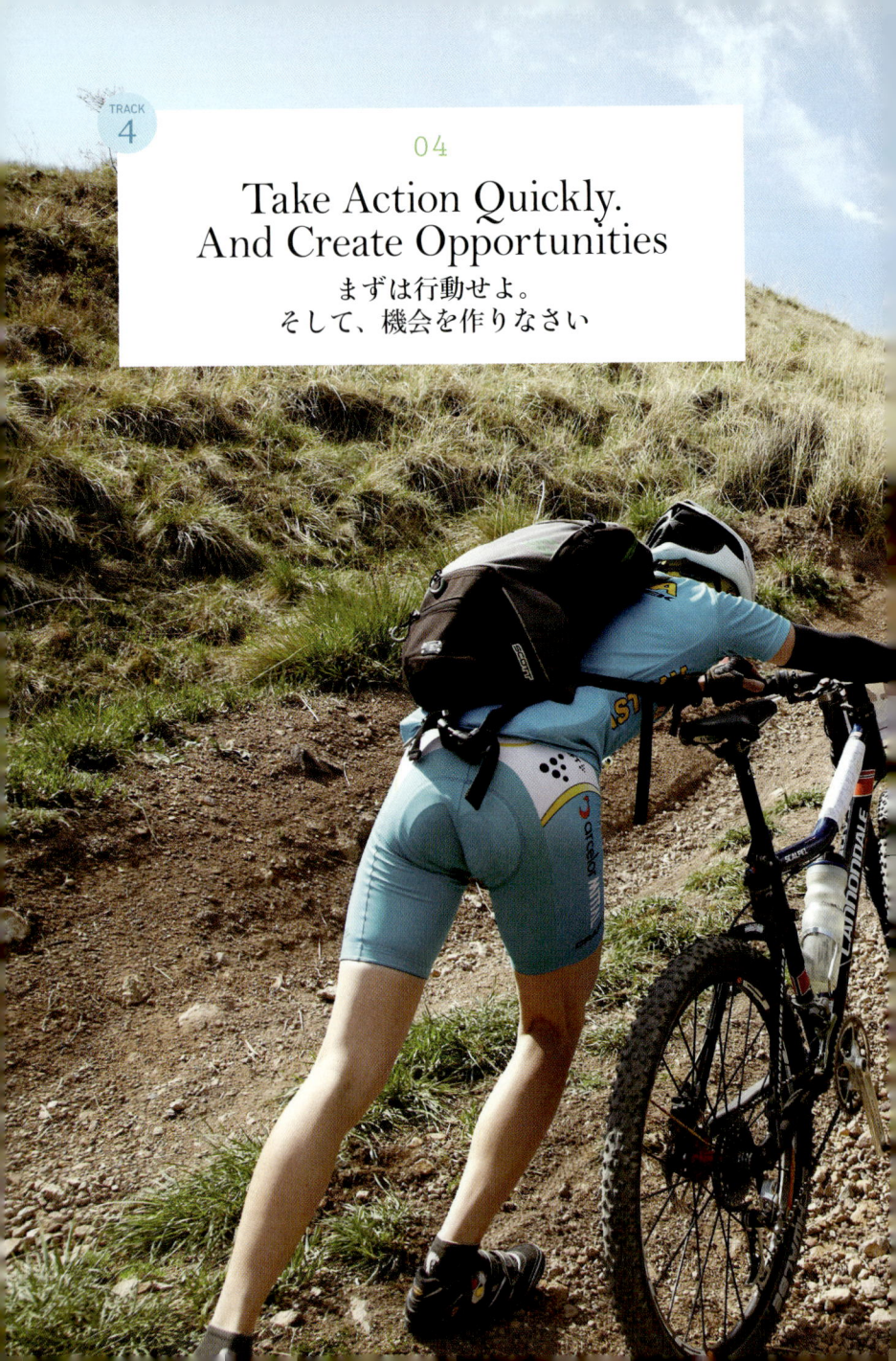

04

Take Action Quickly.
And Create Opportunities

まずは行動せよ。
そして、機会を作りなさい

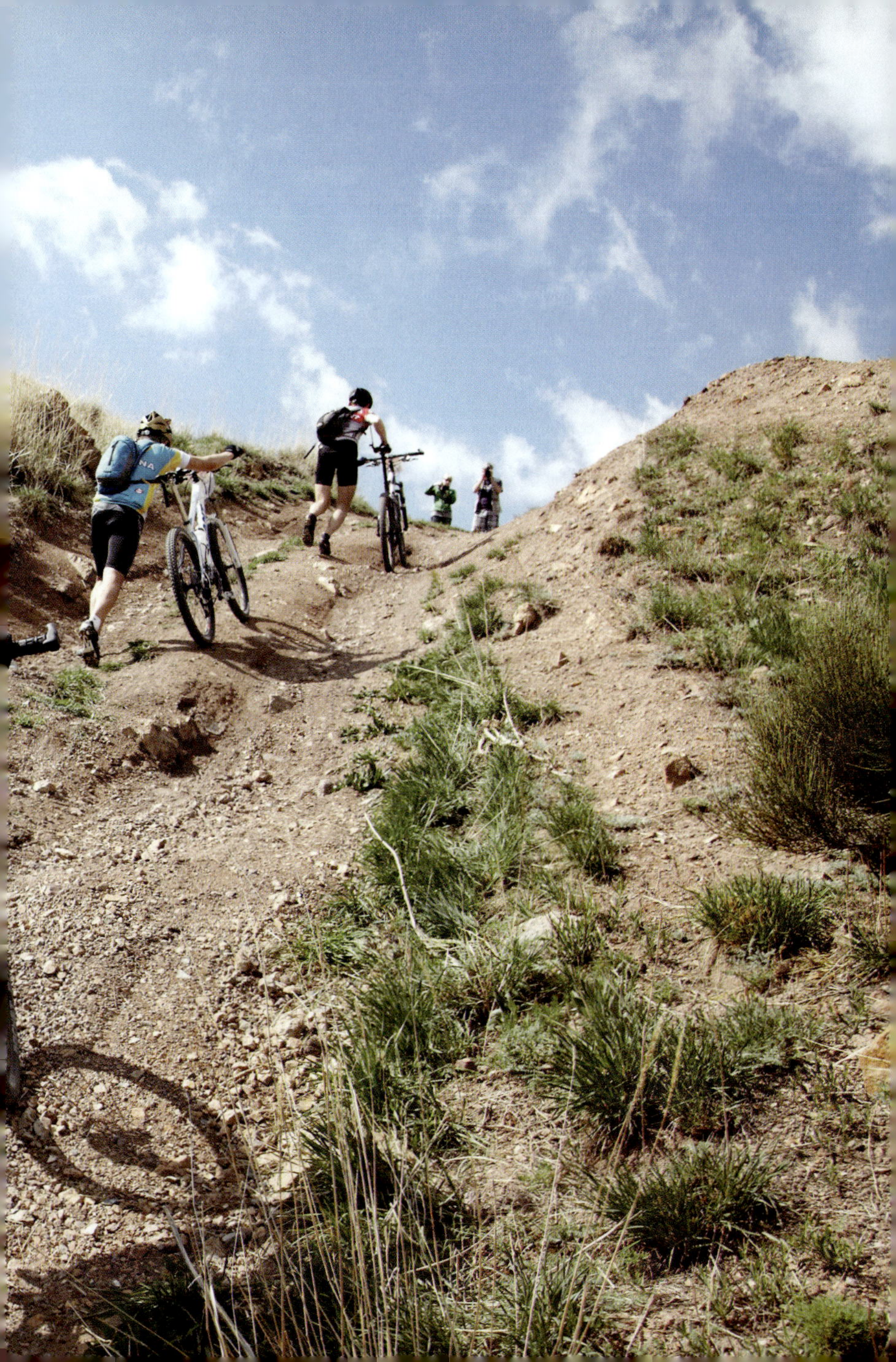

I will hope that, over the course of my life, success to me would mean that I always keep doing instead of being.

—*Jim Yong Kim, World Bank President, Media Interview*

人生における成功が、何かになろうとすることではなく、常に何かをなし続けることであってほしいと願っています。

——ジム・ヨン・キム、世界銀行総裁、メディア・インタビューにて

Take action. Every story you've ever connected with, every leader you've ever admired, every puny little thing that you've ever accomplished is the result of taking action. You have a choice. You can either be a passive victim of circumstance or you can be the active hero of your own life.

—*Bradley Whitford, Commencement Address at University of Wisconsin, 2006*

行動しなさい。あなたに関するすべての物語、あなたが憧れているリーダーたち、あなたが今までに成し遂げた、取るに足らない小さなことも、すべては行動を起こした結果なのです。あなたは自由に選ぶことができます。すべてを環境のせいにする受動的な犠牲者になることも、人生のために積極的に行動するヒーローになることも。

——ブラッドリー・ウィットフォード、2006年ウィスコンシン大学卒業式祝辞

PLUS

admire 尊敬する、感嘆する　**accomplish** 成就する　**puny** 小さい、取るに足らない　**passive** 受動的な　**victim** 被害者、犠牲者

Remember, true opportunity never knocks. I have found that I have to go looking for opportunity — and if I don't find it, I have to create it.

—Sumner Redstone, Commencement Address at Kellogg Business School, 2002

覚えておいてください。真の機会というのは、あなたを探してノックしてくれるものではありません。機会は、探しに行かなくてはならないのです。そして、もし見つからなければ、それを創りださなくてはなりません。

——サムナー・レッドストーン、ケロッグ経営大学院卒業式祝辞

.... PLUS

opportunity 機会

★サムナー・レッドストーン：CBSグループ、パラマウント映画社、MTVネットワークス、バイアコム会長

1923年、ユダヤ人家庭に生まれる。31才で弁護士を辞めて、父親のドライブインシアター事業を引き継ぐ。独占禁止訴訟を行って、ドライブインシアターでも公開作品を上映できるようにした。会社名をナショナル・アミューズメントに変更し、今日のマルチプレックスの始まりである全国シアターチェーン事業に乗り出した。1987年、MTV、ショータイム、ニコロデオン等を所有するケーブルネットワーク企業バイアコムをはじめとして、ハリウッド五大映画製作会社であるパラマウント、世界最大のビデオチェーン店であるブロックバスター等、企業の買収合併を続ける。1999年、米国三大地上波局であるCBSを買収し、過去最大級の合併を成功させた。

Don't bother to have a plan at all. All that stuff about plan, throw that out. It seems to me that it's all about opportunity and make your own luck.

—Eric Schmidt, Chairman of Google, Commencement at Carnegie Mellon University, 2009

わざわざ計画を立てることはありません。計画に関するものすべてを捨ててしまいなさい。私にはすべてが好機に思えます。あなた自身で幸運を作りだしてください。

——エリック・シュミット、Google会長、2009年カーネギーメロン大学卒業式祝辞

The reason is that in order for the turtle to move, it has to stick its neck out. There are going to be times in your life when you're going to have to stick your neck out. There will be challenges and instead of hiding in a shell, you have to go out and meet them.

— Dr. Ruth Westheimer, Commencement Address at Trinity College, 2004

亀は動くために、その首を外に出さなくてはなりません。あなたの人生にも、あえて危険を冒さねばならないときがくるでしょう。難題に出くわしたとき、甲羅の中に隠れるのではなく、外に出て行き、それらと向き合わなくてはなりません。

——ルース・ウェストハイマー博士、
2004年トリニティ・カレッジ卒業式祝辞

PLUS

stick out ～を突き出す

★ルース・ウェストハイマー：米国のセックス・セラピスト、作家

When the opportunity arises to show people what you've got, show them.

— Sutton Foster, Commencement Address at Ball State University, 2012

あなたの実力を見せる機会がやってきたら、しっかりと見せてやりなさい。

——サットン・フォスター、2012年ボールステイト大学卒業式祝辞

PLUS

arise 生じる、発生する

★サットン・フォスター：ミュージカル俳優
米国のブロードウェイで活躍しているミュージカル俳優。トニー賞ミュージカル部門主演女優賞を二度受賞。

If you have an idea of what you want to make, what you were put here to do, then just go and do that. And that's much harder than it sounds and, sometimes in the end, so much easier than you might imagine. Because normally, there are things you have to do before you can get to the place you want to be. I wanted to write comics and novels and stories and films, so I became a journalist, because journalists are allowed to ask questions, and to simply go and find out how the world works, and besides, to do those things I needed to write and to write well, and I was being paid to learn how to write economically, crisply, sometimes under adverse conditions, and on time.

—Neil Gaiman, Bestselling Author,
Commencement Address at The University of Arts, 2012

あなたが作り上げたいものや、ここですべきことがわかっているのなら、とにかく行って、それをやってみなさい。それは思ったよりもかなり難しいことですが、最終的には想像よりずっとやさしいこともあります。というのは、普通は望むところにたどりつくまでに、しなくてはならないことがあるからです。私はコミックや小説、物語、映画の脚本を書きたいと思っていました。だから、ジャーナリストになったのです。なぜなら、ジャーナリストは質問したり、気軽に出かけていって世界がどのように動いているのかを確かめたりすることが許されていたからです。そのうえ、文章を上手に書くために必要な力を育むこともできました。それもお金をもらって、ときには不利な条件下で期限に間に合うように、簡潔に歯切れよく書く方法を学べたのです。

――ニール・ゲイマン、ベストセラー作家、2012年フィラデルフィア芸術大学卒業式祝辞

---------PLUS

economically 経済的に、簡潔に　　crisply 簡潔に、歯切れよく　　adverse 不利な

Lori has a great metaphor for careers. She says they're not a ladder; they're a jungle gym. As you start your post-HBS career, look for opportunities, look for growth, look for impact, look for mission. Move sideways, move down, move on, move off. Build your skills, not your resume. Evaluate what you can do, not the title they're going to give you. Do real work. Take a sales quota, a line role, an ops job, don't plan too much, and don't expect a direct climb. If I had mapped out my career when I was sitting where you are, I would have missed my career.

—Sheryl Sandberg, Facebook COO,
Commencement Address at Harvard Business School, 2012

ロリはキャリアを上手にたとえます。キャリアははしごではなく、ジャングルジムだ、と言うのです。ハーバード経営大学院を卒業して仕事に就いたら、機会や成長、影響、使命を探してください。左右へと動いては下に降り、先に進んでは立ち去り、それらを探すのです。業績ではなく、あなたのスキルを磨きなさい。どんな肩書を持っているのかではなく、自分に何ができるかを評価しなさい。真の仕事をするのです。販売ノルマを受け入れて、生産ラインにも入って、臨時職にも就いてみてください。計画を立てすぎてはいけません。どんなことでも一度で成し遂げられると期待しないでください。今、あなたたちがいる場所に私が座っていた頃に、ただ計画を練っているだけだったら、現在のキャリアをすべて逃していたかもしれません。

――シェリル・サンドバーグ、Facebook 最高執行責任者、
2012年ハーバード経営大学院卒業式祝辞

PLUS

metaphor 比喩、隠喩　**jungle gym** ジャングルジム　**HBS**（= Harvard Business School）ハーバード経営大学院　**evaluate** 評価する　**sales quota** 販売ノルマ　**an line role** 生産職　**an ops job** 臨時職（ops とは、other personnel services の略字）　**map out** 緻密に計画する

★ ロリ・ゴーラー：Facebook 人事担当副社長、1997年ハーバード経営大学院卒業

Get on a rocket ship. When companies are growing quickly and having a lot of impact, careers take care of themselves. And when companies aren't growing quickly or their missions don't matter as much, that's when stagnation and politics come in. If you're offered a seat on a rocket ship, don't ask what seat. Just get on.

—*Eric Schmidt, Chairman of Google, Career Advice for Sheryl Sandberg*

ロケット船に乗りなさい。企業が急激に成長して、大きな影響力を持つようになると、キャリアというものは自ずと積み重なっていくものです。そして、企業の成長が鈍化したり、企業使命がそれほど重要性を持たない場合、停滞が起こり、社内政治が介入してきます。もしロケット船の席への申し出を受けたなら、どんな席かとはたずねないで、とにかく乗ってしまいなさい。

——エリック・シュミット、Google会長、シェリル・サンドバーグへのアドバイスより

＊シェリル・サンドバーグ（Facebook最高執行責任者）は2012年のハーバード経営大学院卒業式祝辞でGoogle会長のエリック・シュミットからのアドバイスを引用した。

--------------- PLUS

get on ～に乗る　rocket ship ロケット船（ここではロケットのように急激に成長する企業をたとえている）　mission 使命　stagnation 停滞

We are our choices. Build yourself a great story.

—*Jeff Bezos, Amazon.com CEO,*
Commencement Address at Princeton University, 2010

今の自分は、これまでの選択の結果です。あなた自身の偉大な物語を築きあげなさい。

——ジェフ・ベゾス、Amazon.com 最高経営責任者、2010年プリンストン大学卒業式祝辞

TRACK 5

05
Do Not Give Up
あきらめるな

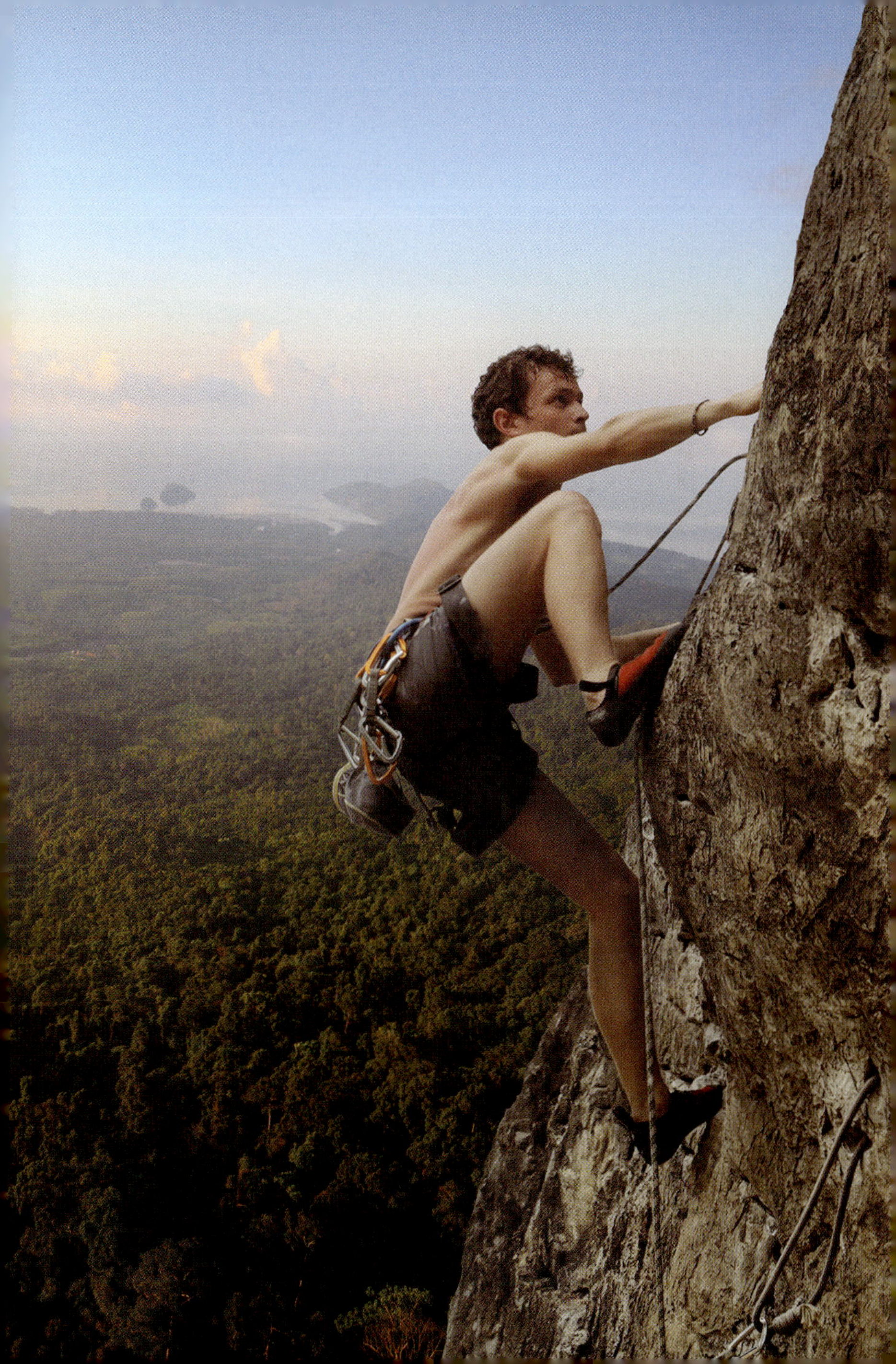

Nothing is really over until the moment you stop trying.
―Brian Dyson, Commencement Address at Georgia Tech, 1996

試みるのをやめる瞬間まで、本当には何も終わりません。
――ブライアン・ダイソン、1996年ジョージア工科大学卒業式祝辞

PLUS
be over 終わる　stop trying 試みることをやめる
★ ブライアン・ダイソン：コカ・コーラ最高経営責任者（1986年～1991年）

As long as you are alive, it is never too late.
―John Mackey, Commencement Address at Bently College, 2008

あなたが生きているかぎり、遅すぎるということはけっしてありません。
――ジョン・マッキー、2008年ベントリー大学卒業式祝辞

PLUS
★ジョン・マッキー：ホールフーズ・マーケット最高経営責任者
1978年、大学を中退した25才のジョン・マッキーと21才の恋人レニー・ローソンは家族から4万5000ドルを借りて、テキサス州オースティンにセイファー・ウェイという小さな自然食品店を開いた。そして、米国でもっとも大規模なオーガニック専門スーパーマーケット企業ホールフーズ・マーケットに発展させる。年間の売上額は約90億ドルで約5万8千名を雇用している。米国環境省によって、最近、トップ・グリーン・パワー・パートナー企業のひとつに選ばれた。

One of the lessons of history is that even the deepest crises can be moments of opportunity. They bring ideas from the margins into the mainstream. They often lead to the acceleration of much-needed reforms.

—*Geoff Mulgan, Post-crash, investing in a better world*

歴史の教訓のひとつとして挙げますが、どれほど深刻な危機だとしても、好機の瞬間になりえます。そのような状況では、非主流のアイデアが主流にももたらされます。危機によって、本当に必要な改革が促進されることもあります。

――ジェフ・マルガン、「墜落以降、よりよい世界での投資」講演より

PLUS

crisis 危機（複数形は crises）　margin 周辺部　mainstream 中心、多勢　acceleration 加速　much-needed 切望していた、非常に求められる　reform 改革

★ジェフ・マルガン：NESTA（ネスタ）代表
英国の国立科学・技術・芸術基金であるネスタは経済成長、創造的企業、公共・社会関連分野に対する研究をはじめとして、ヘルスケア・環境・ICT（Information & Communication Technology: 情報通信技術）ベンチャー投資事業を行っている。

We don't just live; we make.

—*Dale Dougherty, We are makers*

私たちはただ生きているだけではありません。何かを作り上げているのです。

――デール・ダハティ、「誰もがメーカーだ」講演より

PLUS

★デール・ダハティ：オライリーメディアの共同創業者
世界で唯一のTECH DIYマガジン『MAKE』を創刊し、世界最大のDIYイベント「Maker Faire（メイカーフェア）」を運営する。米国最大のIT出版社オライリーメディアの共同創業者。Web2.0という用語の創始者でもある。

You will need to find your passion. If you did not find it, you will find it later, in your 30s or 40s but do not give up on finding it and follow it. You will not find it in things or money because the more you have the more you will use that as a metric and would like to get more. The important things are those that fill you from inside. It will be grounded in people, in your relationship with people.

―*Randy Pausch, Commencement Address at Carnegie Mellon, 2008*

あなたの情熱を見つけなくてはなりません。もし見つからなければ、のちに30代、40代になって、それでもあきらめずに探し続けていれば見つかるでしょう。情熱はものやお金からは見つからないでしょう。というのは、たくさん所有するほど、それは情熱を測る計量器のようにみなされるようになり、もっと所有したくなるからです。重要なものとは、あなたを内側から満たすものです。それは人々の中に、人々との関係の中に根差しているでしょう。

――ランディ・パウシュ、2008年カーネギーメロン大学卒業式祝辞

PLUS

give up あきらめる　metric 計量器、メートル法　be grounded in ～に基づいて　relationship 関係

★ランディ・パウシュ：カーネギーメロン大学コンピュータサイエンス教授
カーネギーメロン大学で「人間とコンピュータの相互関係」と「デザイン」を講義する。1960年、メリーランドで生まれ、ブラウン大学を卒業。1988年から1997年までバージニア大学で教授として教鞭を取った。膵臓癌の告知を受けて、2008年7月25日に3人の子どもたちへの贈り物として「最後の講義」を行う。その後自宅で亡くなる。

We had a lot of naysayers who said Apple wasn't the right thing, it wasn't going to work, it wasn't being done the right, normal way. We thought a little bit differently.

—Steve Wozniak, Apple Co-founder,
Commencement Address at Santa Clara University, 2012

Appleに否定的な人がたくさんいました。Appleはうまく行かないだろう、Appleはまともに機能しないだろう、正常な企業としてやっていけないだろうと言われてきました。でも、私たちの考えは少々違っていました。

──スティーブ・ウォズニアック、Apple共同設立者、2012年サンタクララ大学卒業式祝辞

--------- PLUS
naysayer 否定的な見方をする人

Just keep trying! Never give up, never, never give up! Because the only person that can stop you is — YOU!

—Yvonne Thorton, Pulitzer Prize Nominated Author,
Commencement Address at Tuskegee University, 2003

挑戦を続けなさい。けっしてあきらめてはなりません。けっして。あなたを止められる人は、あなただけなのですから。

──イヴォンヌ・ソートン、ピューリッツア賞ノミネート作家、
2003年タスキーギー大学卒業式祝辞

--------- PLUS
keep trying 試みを続ける　**give up** あきらめる

Something that worked for me was imagining that where I wanted to be — an author, primarily of fiction, making good books, making good comics and supporting myself through my words — was a mountain. A distant mountain. My goal. And I knew that as long as I kept walking towards the mountain I would be all right. And when I truly was not sure what to do, I could stop, and think about whether it was taking me towards or away from the mountain. I said no to editorial jobs on magazines, proper jobs that would have paid proper money because I knew that, attractive though they were, for me they would have been walking away from the mountain.

—Neil Gaiman, Bestselling Author,
Commencement Address at The University of Arts, 2012

私にとって有効な方法があるのですが、それは自分がなりたい姿を想像することです。小説を書いて、よい本やコミックを創り、自分の言葉で自分を支える作家とは、私にとって山のような存在でした。はるか遠くに見える山。それは私の目標でした。
その山に向かって歩きつづけるうちに、自分が正しかったことがわかりました。何をすべきか本当にわからなくなったときには立ち止まって、それが自分を山へと導くのか、山から遠ざけるのか、と考えました。雑誌編集者の仕事を、私は断ったことがあります。妥当な報酬を支払ってくれる魅力的な仕事でしたが、それが私を山から遠ざけるとわかっていたからです。

——ニール・ゲイマン、ベストセラー作家、2012年フィラデルフィア芸術大学卒業式祝辞

PLUS

primarily 主に   fiction 小説、虚構   editorial 編集の   proper 適切な、正しい

Life's a journey. It's a journey about discovering limits.
—*Larry Ellison, Oracle CEO, All Things Digital Conference, 2012*

人生は旅です。限界を見つけるための旅なのです。
——ラリー・エリソン、Oracle最高経営責任者、
2012年All Things Digital Conferenceにて

PLUS
journey 旅行、旅　　**discover** 発見する

Never give in. Never give in. Never, never, never, never — in nothing, great or small, large or petty — never give in, except to convictions of honor and good sense. Never yield to force. Never yield to the apparently overwhelming might of the enemy.

—*Winston Churchill, Former British Prime Minister, Commencement Address at Harrow School, 1941*

あきらめてはなりません。つまらなかろうと、大きかろうと小さかろうと、重要だろうと些細なことだろうと、けっしてあきらめてはなりません。名誉と賢明な判断によるもの以外は、けっしてあきらめてはならないのです。相手の力に屈服してはいけません。敵が圧倒的に力を持っているように思えても、けっして屈服してはいけません。

——ウィンストン・チャーチル、英国元首相、1941年ハーロー校卒業式祝辞

PLUS
give in あきらめる　　**petty** 些細な、取るに足らない　　**conviction** 信念、確信
apparently 見たところでは、明白に　　**overwhelming** 圧倒的な　　**might** 力、勢力　　**yield** 降伏する、譲歩する

TRACK 6

06
It's Ok To Fail
失敗したっていい

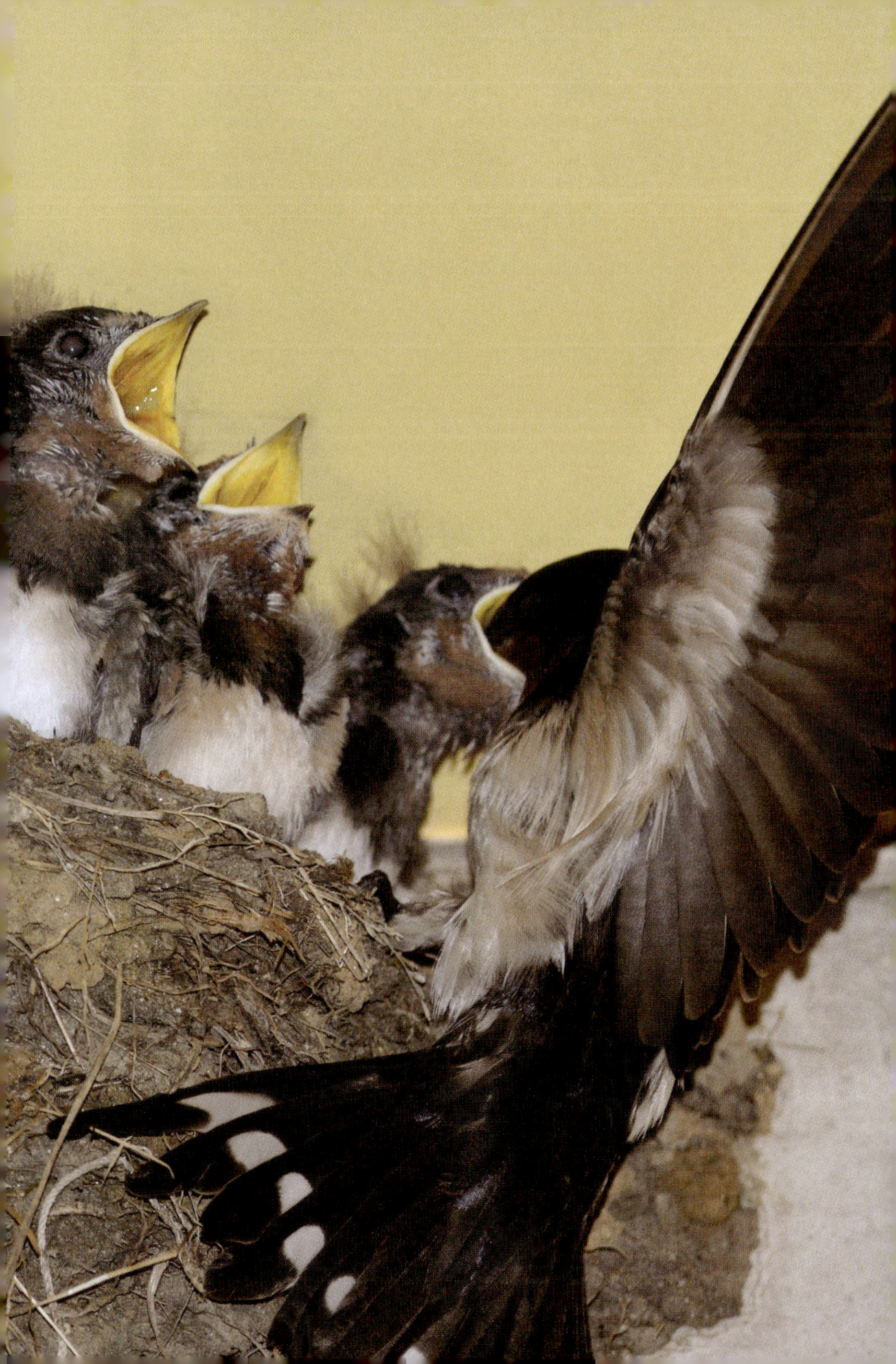

If you're not prepared to be wrong, you'll never come up with anything original.

—Ken Robinson, School kills creativity

失敗してもよいという覚悟ができていなければ、独創的なことは何も思いつかないでしょう。

──ケン・ロビンソン、「学校教育は創造性を殺してしまっている」講演より

............................PLUS

prepare 準備する　come up with 考え出す　original 独創的な

★ケン・ロビンソン：教育学博士
英国出身。教育システムにおける創造性開発や革新的分野で世界的に有名。

The person who doesn't make mistakes is unlikely to do anything.

—Paul Arden

失敗をしない人は、何もできそうにありません。

──ポール・アーデン

............................PLUS

★ポール・アーデン：広告クリエーター
広告会社サーチ＆サーチの最高クリエイティブ・ディレクターとして活躍。

I can accept failure. Everyone fails at something. But I can't accept not trying. Fear is an illusion.

—Michael Jordan, American former professional basketball player,
'I Can't Accept Not Trying : Michael Jordan on the Pursuit of Excellence'

失敗は受け入れることができます。すべての人が何かしらの失敗をおかします。でも、挑戦しないということは受け入れられません。怖れとは錯覚なのです。

——マイケル・ジョーダン、米国の元バスケットボール選手、
『I Can't Accept Not Trying : Michael Jordan on the Pursuit of Excellence』より

----------------------------PLUS

fear 怖れ　illusion 錯覚、幻覚

Every 'mistake' is an opportunity in jazz.

—Stefon Harris, There are no mistakes on the bandstand

すべての「失敗」が、ジャズではひとつのチャンスなのです。

——ステフォン・ハリス、「バンドスタンドではミスなんてない」講演より

----------------------------PLUS

★ステフォン・ハリス：ジャズミュージシャン
米国のジャズ・ビブラフォン奏者。1999年、『ロサンゼルス・タイムズ』で「ジャズでもっとも重要な若手音楽家」の一人に選ばれる。

You will have failures in your life, but it is what you do during those valleys that will determine the heights of your peaks.

—Rahm Emanuel,
Commencement Address at George Washington University, 2009

人生では失敗することもあるでしょう。でも、そのような低迷期に何をするかによって、絶頂期にどこまで高く上っていけるのかが決まるでしょう。

——ラーム・エマニュエル、2009年ジョージ・ワシントン大学卒業式祝辞

PLUS

failure 失敗　**during** ～するあいだ　**valley** 渓谷、低迷期　**determine** 決定する　**height** 高さ　**peak** 全盛期

★ラーム・エマニュエル：シカゴ市長
バラク・オバマ政権下で初代ホワイトハウス秘書室長を務め、2011年にシカゴ市長選挙に出馬。公職における倫理改革や教育改革、予算の見直しなどを推進した。

In life, the things that go wrong are often the very things that lead to other things going right.

—Arriana Huffington, Commencement Address at Sarah Lawrence College, 2011

人生では、うまく行かなかったことが、別のことがうまく行く要因となることがよくあります。

——アリアナ・ハフィントン、2011年サラ・ローレンス大学卒業式祝辞

PLUS

go wrong もつれる、うまく行かない　**lead** 導く

★アリアナ・ハフィントン：ハフィントンポスト・メディアグループ会長、編集長
52才のときにブログ「アリアナ・オンライン・ドットコム」を立ち上げ、2005年にそれをもとにして『ハフィントンポスト』を創刊する。『ニューヨークタイムズ』、『ウォールストリート・ジャーナル』等、伝統的なメディアの牙城を崩して、アメリカ人がもっとも多く訪れるニュースサイトになる。3名の職員から始まった『ハフィントンポスト』はわずか6年でその価値が約150倍に上がり、2011年にAOLに3億1500万ドルで売却された。

If you ever feel inspired, take action with it. Don't let anyone tell you why you shouldn't; at least lace up and give it a try.

—*Salman Khan, Founder of Khan Academy, a free online education platform, Commencement Address at MIT, 2012*

心を動かされたら、行動を起こしなさい。誰かに、そうすべきでない理由を言わせてはいけません。とにかく靴ひもを結んで、試しにやってみるのです。

──サルマン・カーン、カーン・アカデミー創業者（無料オンライン教育プラットフォーム）、2012年マサチューセッツ工科大学卒業式祝辞

PLUS

feel inspired インスピレーションを受ける　take action 行動する　lace up 靴ひもを結ぶ　give it a try 試みる

And, now go, and make interesting mistakes; make amazing mistakes; make glorious and fantastic mistakes; break rules. Leave the world more interesting for your being here. Make good art.

―*Neil Gaiman, Bestselling Author,*
Commencement Address at The University of Arts, 2012

さあ、出かけていって、興味深い失敗をしてください。驚くような失敗をしてください。栄光ある、幻想的な失敗をしてください。ルールを破るのです。あなたたちの存在によって、世界をもっとおもしろくするのです。優れた芸術を作り上げてください。

――ニール・ゲイマン、ベストセラー作家、2012年フィラデルフィア芸術大学卒業式祝辞

PLUS

glorious 栄光の　fantastic 幻想的な

So why do I talk about the benefits of failure? Simply because failure meant a stripping away of the inessential. I stopped pretending to myself that I was anything other than what I was, and began to direct all my energy into finishing the only work that mattered to me. Had I really succeeded at anything else, I might never have found the determination to succeed in the one arena I believed I truly belonged. I was set free, because my greatest fear had been realized, and I was still alive, and I still had a daughter whom I adored, and I had an old typewriter and a big idea. And so rock bottom became the solid foundation on which I rebuilt my life.

—*J.K. Rowling, Commencement Address at Harvard University, 2008*

なぜ、私は失敗することの利点について話をするのでしょう？ それは失敗が必要のないものを取り除くことを意味するからです。私は、自分を本来の姿以上に見せかけるのをやめて、大切な作品を完成させることだけにすべてのエネルギーを注ぐようになりました。もし他のことで成功を収めていたら、私にとって本当にふさわしい舞台で成功しようと決心できなかったかもしれません。もっとも大きな怖れが実現したので、私は解放されました。私はまだ生きていました。愛する娘もいました。そして、私には古いタイプライターとすばらしいアイデアがありました。どん底だと思っていた場所が、人生を立て直すための確かな基盤となったのです。

——J.K.ローリング、2008年ハーバード大学卒業式祝辞

PLUS

strip away 除去する　**inessential** 不必要な、なくてもよい　**pretend** 〜のふりをする　**matter** 重要だ　**determination** 確固とした意志、決心　**belong** 属する　**adore** とても愛している

Failure can be an incredibly motivating force.

—Jacqueline Novogratz, *Patient Capitalism*

失敗は信じがたいほどの原動力になりえます。

——ジャクリーン・ノヴォグラッツ、「寛容な資本主義」講演より

PLUS

incredibly 信じられないほど　motivating force 原動力　capitalism 資本主義

★ジャクリーン・ノヴォグラッツ：アキュメン・ファンド設立者
世界最大の非営利ベンチャー資本「アキュメン・ファンド」の設立者。アキュメン・ファンドが投資するのは、社会問題の解決のために運営されている機関のみ。

It is impossible to live without failing at something, unless you live so cautiously that you might as well not have lived at all — in which case, you fail by default.

—J.K. Rowling, *Commencement Address at Harvard University, 2008*

失敗せずに生きていくのは不可能です。用心して生きていけば失敗はしないでしょうが、それでは生きているとはとてもいえないでしょう。そのように生きること自体が失敗です。

——J.K.ローリング、2008年ハーバード大学卒業式祝辞

PLUS

fail 失敗する　unless 〜をしないかぎり　might as well 〜するほうがましだ　cautiously 注意して　by default 不戦によって、不参加によって

You're going to fall down, but the world doesn't care how many times you fall down, as long as it's one fewer than the number of times you get back up.

—Aaron Sorkin, *Commencement Address at Syracuse University, 2012*

あなたは転んでしまうこともあるでしょう。でも起き上がった回数が1回でも多ければ、世の中というものは何度失敗したところで気にはしないものです。

——アーロン・ソーキン、2012年シラキュース大学卒業式祝辞

........PLUS
★アーロン・ソーキン：シナリオ作家
米国TVドラマ『ザ・ホワイトハウス』、映画『ソーシャル・ネットワーク』、『マネー・ボール』等の脚本を執筆。

I hope you'll make mistakes. If you're making mistakes, it means you're out there doing something. And the mistakes in themselves can be useful. I once misspelled Caroline, in a letter, transposing the A and the O, and I thought, "Coraline looks like a real name..."

—Neil Gaiman, Bestselling Author, *Commencement Address at The University of Arts, 2012*

あなたたちには失敗をしてほしいと思っています。失敗をするということは、あなたたちが世の中に出て、何かをしているという意味なのです。そして失敗そのものが有用でもあります。私はかつて、「Caroline」のスペルを誤ってAとOを逆にしてしまいました。そして、私は思ったのです。「『Coraline』のほうが本当の名前らしく見える——」

——ニール・ゲイマン、ベストセラー作家、2012年フィラデルフィア芸術大学卒業式祝辞

........PLUS
misspell つづりを間違える　transpose 順序を入れ替える

TRACK 7

07

You Do Not Need To Be Perfect

完璧じゃなくてもいい

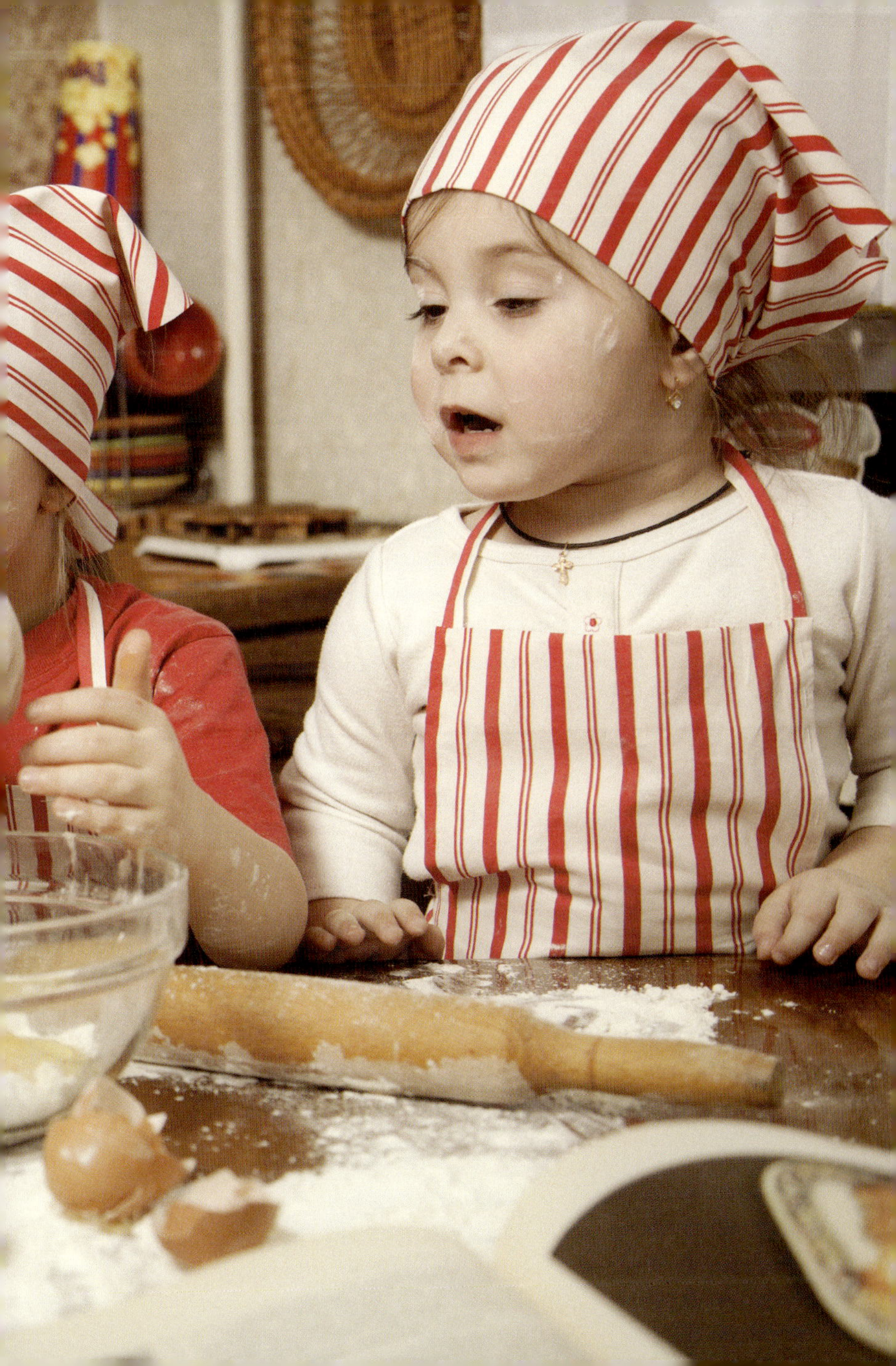

Have the courage to accept that you're not perfect, nothing is, and no one is (perfect) — and that's OK.

—*Katie Couric, Commencement Address at Williams College, 2007*

完璧ではないということを受け入れる勇気を持ってください。何ごとであれ、誰であれ完璧ではないのです。それでいいのです。

——ケイティ・クーリック、2007年ウィリアムズ大学卒業式祝辞

Vulnerability is our most accurate measurement of courage. Vulnerability is the birthplace of innovation, creativity and change.

—*Brené Brown, Listening to shame*

傷つきやすさは、勇気を測るもっとも正確な方法なのです。
傷つきやすさから、革新や創造、変化が生まれます。

——ブレネー・ブラウン、『恥について考えましょう』講演より

PLUS

vulnerability 傷つきやすいこと、脆弱性　**birthplace** 出生地、発生地

★ブレネー・ブラウン：作家、大学教授
教授、研究員兼作家として、ヒューストン大学社会福祉大学院で「誠心誠意 (wholeheartedness)」について研究を行った。つまり、恥 (shame)、勇気 (courage)、真実であること (authenticity)、傷つきやすさ (vulnerability) のように「誠心誠意」であることに対して妨害となったり、助けとなったりする感情について研究を行っている。

No matter what you do in life, your ability to succeed will be largely dependent on your ability to work with people. Indeed, it has often been said that what you do is less important than who you do it with — that the people you surround yourself with, whether a spouse, or friends, or co-workers, will ultimately be the principal determinant of the course your life will take. So don't just focus on the job descriptions, or the brand name of the organization you're going to join — also focus on who you'll be working for, and with.

—*Steve Case, Commencement Address at George Mason University, 2009*

あなたが人生において何をしようと、成功は他人と共に働く能力に大きく左右されます。たしかに、「何をするか」より「誰とするか」のほうが重要だとはよく言われてきました。あなたを取り巻く人々は配偶者でも、友人でも、同僚でも、最終的にはあなたの人生航路における決定要因となるでしょう。ですから、職務記述書や所属する組織のブランドにばかり注目するのはやめましょう。誰と働くのか、誰のために働くのか、ということもよく考えてみてください。

——スティーブ・ケース、2009年ジョージ・メイソン大学卒業式祝辞

PLUS

be largely dependent on ～に大きく依存している　indeed 本当に、実際に　ultimately 最終的に　principal 主要な　determinant 決定要因　job descriptions 職務記述書

★スティーブ・ケース：アメリカオンライン（AOL）創立者

Motivation comes from working on things we care about. But it also comes from working with people we care about. And in order to care about someone, you have to know them. You have to know what they love and hate, what they feel, not just what they think. If you want to win hearts and minds, you have to lead with your heart as well as your mind.

—Sheryl Sandberg, Facebook COO,
Commencement Address at Harvard Business School, 2012

動機というものは、あなたが大切に思っていることに取り組むことによって生じます。しかし、あなたが大事にしている人と一緒に仕事をすることからも生じます。誰かを大事にするには、その人を知らなくてはなりません。彼らが考えていることだけでなく、何を好み、何を嫌い、何を感じるかを知らなくてはなりません。彼らの心をつかみたいのなら、あなたの心と精神で導いてください。

――シェリル・サンドバーグ、Facebook 最高執行責任者、
2012年ハーバード経営大学院卒業式祝辞

PLUS

motivation 動機づけ　**care about** ～を大切にする、～に関心を持つ　**win hearts and minds** 心をつかむ

You're imperfect, and you're wired for struggle, but you are worthy of love and belonging.

—Brené Brown, The power of vulnerability

あなたは完全ではなく、もがきながら生きています。でも、あなたには愛され、親密になる価値があります。

――ブレネー・ブラウン、「傷つく心の力」講演より

PLUS

imperfect 不完全な、欠陥のある　**wired** 興奮した、いらだつ　**belonging** 親密な関係、帰属

When you start off, you have to deal with the problems of failure. You need to be thick-skinned, to learn that not every project will survive. The problems of failure are problems of discouragement, of hopelessness, of hunger. You want everything to happen and you want it now, and things go wrong. Life is sometimes hard. Things go wrong, in life and in love and in business and in friendship and in health and in all the other ways that life can go wrong. And when things get tough, this is what you should do. Make good art.

—Neil Gaiman, Bestselling Author,
Commencement Address at The University of Arts, 2012

仕事を始めるにあたって、あなたは失敗によって生じる問題に取り組まなくてはなりません。あなたは図太くなって、すべてのプロジェクトが成功するわけではないことを学ばなくてはなりません。失敗によって、挫折や絶望、渇望を経験するでしょう。すべてのことが起こり、今すぐにうまく行くことを望んでも、ことはうまく行きません。人生はときに厳しいものです。人生において、恋愛において、ビジネスにおいて、友人関係において、健康において、ありとあらゆることにおいて、すべてがうまく行きません。大変な状況の中で、あなたのすべきことはこれです。優れた芸術を作り上げるのです。

──ニール・ゲイマン、ベストセラー作家、2012年フィラデルフィア芸術大学卒業式祝辞

PLUS

thick-skinned 面の皮が厚い、（批判、侮辱等に対して）簡単に動揺しない
discouragement 落胆、挫折

I believe fully in the power of technology to change the world for the better. And I believe even more fully in the ability of your generation to use that power to great effect — to rule technology. But you can't let technology rule you. Remember to take at least one hour a day and turn that thing off. Do the math, 1/24th. Go dark. Shut it down. Learn where the OFF button is. Take your eyes off the screen, and look into the eyes of the person you love. Have a conversation — a real conversation — with the friends who make you think, with the family who makes you laugh. Engage with the world around you…feel…and taste…and smell…and hug what's there, right in front of you — not what's a click away. Life is not lived in the glow of a monitor. Life is not a series of status updates. Life is not about your friend count — it's about the friends you can count on. Life is about who you love, how you live, it's about who you travel through the world with.

—Eric Schmidt, Google Chairman,
Commencement Address at Boston University, 2012

私はテクノロジーの力が世界をよりよく変えると確信しています。そして、あなたたちの世代にはその力を最大限に利用できる——テクノロジーを支配する能力があるとそれ以上に信じています。しかし、テクノロジーに支配されてはなりません。忘れずに、少なくとも一日に一時間は電源を切りなさい。計算してみても、一日のわずか1/24です。電気を消して、シャットダウンしてください。OFFボタンのありかを確認してください。スクリーンから目を離して、愛する人の眼を見つめなさい。そして会話を——本当の会話をかわしてください。あなたを考えさせてくれる友人と、あなたを笑わせてくれる家族たちと。あなたをとりかこむ世界と関わるのです。そこにあるものを感じ、味わい、匂いをかいで、そして、ハグしてください。あなたの目の前にあるものをハグするのです——クリックするのではなく。人生とは、モニターの輝

きの中で生きることではありません。人生とは、SNS上の近況ではありません。人生は「友だち」として登録されている人々の数ではなく、あなたが信じることのできる友人とのものです。人生はあなたが誰を愛し、どのように生きるか、誰とともに世界を旅していくのかという物語なのです。

——エリック・シュミット、Google会長、2012年ボストン大学卒業式祝辞

PLUS

believe fully 確信する　generation 世代　to great effect 優れた結果を出す　rule 支配する、操作する　shut ~ down (機械を)停止させる　glow 輝く　count 計算する、総計

> Nobody else is paying as much attention to your failures as you are... To everyone else, it's just a blip on the radar screen, so just move on.
>
> —Jerry Zucker, Commencement Address at University of Wisconsin, 2003

あなたの失敗を、あなたほど気にする人はいません。他の人たちにとっては、レーダースクリーン上の点滅信号にすぎないのです。だから、とにかく先に進みなさい。

——ジェリー・ザッカー、2003年ウィスコンシン大学卒業式祝辞

PLUS

pay attention to ～に注目する　blip レーダーの明滅する信号

★ジェリー・ザッカー：映画監督

米国の映画監督兼プロデューサー。代表作は『ステイ・フレンズ (2011年)』、『フェア・ゲーム (2010年)』、『夢見る頃を過ぎても (2002年)』等。1990年には『ゴースト/ニューヨークの幻』で第16回サターン賞最優秀ファンタジー映画賞を受賞。

Try never to be the smartest person in the room. And if you are, I suggest you invite smarter people...or find a different room. In professional circles it's called networking. In organizations it's called team building. And in life it's called family, friends, and community. We are all gifts to each other, and my own growth as a leader has shown me again and again that the most rewarding experiences come from my relationships.

—Michael Dell, DELL CEO,
Commencement Address at University of Texas at Austin, 2003

けっして仕事部屋でもっとも賢い人であろうとしてはなりません。そして、あなたがもっとも賢い人だとしても、より賢い人を招き入れることをおすすめします。あるいは、別の部屋を探しましょう。プロフェッショナルの世界では、これを人的ネットワークと呼びます。組織内では、チーム育成と呼ばれます。そして、人生においては家族、友だち、コミュニティと言います。私たちはみな、お互いへの贈り物です。自分自身のリーダーとしての成長によって、もっとも実りある経験は常にこのような関係から生まれるということを学びました。

——マイケル・デル、DELL最高経営責任者、
2003年テキサス大学オースティン校卒業式祝辞

PLUS

professional circles プロフェッショナルの世界　**networking** 人的ネットワーク (情報網) 形成　**rewarding** 実りある　**team building** チーム育成 (チームメンバーの作業やコミュニケーション能力、問題解決能力を向上させて、組織の効率を上げようという組織開発技法)

Nothing is as important as passion. No matter what you want to do with your life, be passionate. The world doesn't need any more gray. On the other hand, we can't get enough color. Mediocrity is nobody's goal and perfection shouldn't be either. We'll never be perfect. But remember these three P's: Passion + Persistence = Possibility.

*—Jon Bon Jovi, Musician,
Commencement Address at Monmouth University, 2001*

情熱ほど大切なものはありません。人生で何をしたいかを問わず、情熱的でありなさい。中途半端な灰色など、世の中はもはや必要としていません。だからといって、十分な色を手に入れることもできません。平凡なものを目標にする人はいないし、完璧さも目標にすべきではありません。私たちはけっして完璧にはなれません。でも、これらの３つのPは忘れてはなりません。情熱（Passion）＋忍耐（Persistence）＝可能性（Possibility）なのです。

――ジョン・ボン・ジョヴィ、2001年モンマス大学卒業式祝辞

PLUS

passionate 情熱的な　mediocrity 平凡　persistence 忍耐、根気
possibility 可能性

TRACK
8

08
Use Your Imagination
And Creativity
想像力と創造力を持て

omen
our instant noodles

Creativity is a renewable resource. Be as creative as you like, as often as you like, because you can never run out!

—*Biz Stone, Twitter Founder, Commencement Address at Babson College, 2011*

創造性は再生可能な資源です。好きなように、好きなだけクリエイティブになってください。けっして使い尽くすことはできないのですから。

——ビズ・ストーン、Twitter創業者、2011年バブソン大学卒業式祝辞

PLUS

renewable 再生可能な　resource 資源、財源　run out 枯渇する

★ビズ・ストーン：Twitter 共同創業者
Twitterの共同創業者。現在、AOL.com Social Impactアドバイザー。

Cheap, functional, reliable things unleash the creativity of people who then build stuff that you could not imagine. There's no way of predicting the Internet based on the first transistor.

—*George Whitesides*

安くて、実用的で、信頼のおけるものによって、あなたには想像できない創造力が解き放たれます。インターネットが初期のトランジスタラジオから発展したということを予想するすべはありません。

——ジョージ・ホワイトサイズ

PLUS

cheap 安価な　functional 実用的な　reliable 信じられる　unleash 解き放つ　predict 予想する　transistor トランジスタラジオ

★ジョージ・ホワイトサイズ：ハーバード大学最高名誉教授、化学者
米国ハーバード大学最高名誉教授。知識経済研究所委員、米国アカデミー研究評議会議員。

The old rules are crumbling and nobody knows what the new rules are. So, make up your own rules.

—*Neil Gaiman, Bestselling Author,*
Commencement Address at The University of Arts, 2012

古いルールは壊されて、新しいルールがどんなものだか誰も知りません。だから、自分のルールを作ってください。

——ニール・ゲイマン、ベストセラー作家、2012年フィラデルフィア芸術大学卒業式祝辞

PLUS
crumble 粉々に崩れる、壊される

Imagination is not only the uniquely human capacity to envision that which is not, and therefore the fountain of all invention and innovation. In its arguably most transformative and revelatory capacity, it is the power that enables us to empathize with humans whose experiences we have never shared.

—*J.K. Rowling, Commencement Address at Harvard University, 2008*

想像力とは実際には存在しないものを心に描くという、人間だけが持っている能力です。それだけでなく、すべての発明や革新の源なのです。もっとも革新的で、秘めたるものを明らかにする想像の力が、けっして経験を分かちあうことのできない他者に対して共感できるようにしてくれるのです。

——J.K.ローリング、2008年ハーバード大学卒業式祝辞

PLUS
envision 心の中に描く（想像する）　arguably 主張できるように、ほぼ間違いなく（主に比較級や最上級の形容詞の前におかれる）　transformative 革新的な　revelatory 知られていなかったことや秘密にされていた事実を明らかにする　empathize 感情移入する、共感する

Have the nerve to go into unexplored territory. Be brave enough to live life creatively. The creative is the place where no one else has ever been. It is not the previously known. You have to leave the city of your comfort and go into the wilderness of your intuition. You can't get there by bus, only by hard work and risk and by not quite knowing what you're doing, but what you'll discover will be wonderful. What you'll discover will be yourself.

—*Alan Alda, Commencement Address, at Connecticut College, 1980*

未踏の地へと分け入る度胸を持ちなさい。創造的に人生を生きるにふさわしく勇敢でありなさい。創造性とは、まだ他の誰もが行ったことのないところです。すでに知られている場所ではありません。居心地のよい街を離れて、あなたの直感という野性へと入っていきなさい。そこにはバスでは行けません。大変な努力と危険によってしか行けません。しかも、何をしているのかよくわからずに。でも、あなたが発見するものはきっとすばらしいものでしょう。あなたが見つけるのは、あなた自身の姿なのですから。

——アラン・アルダ、1980年コネチカット大学卒業式祝辞

---------------------- PLUS

nerve 勇気、大胆さ　**unexplored** 探検されていない　**territory** 領土
comfort 心地よい　**intuition** 直観力、直感　**discover** 発見する

★アラン・アルダ：俳優
映画俳優。映画『アビエイター（2005年）』や『ペントハウス（2011年）』等に出演。1989年第54回ニューヨーク映画批評家協会賞助演男優賞、2000年第52回米国作家組合賞を受賞。

Always think creatively and boldly. Where do you see a massive opportunity? Where do you think something is going to change, where you see something that most other people don't see? Part of being a successful entrepreneur is to be contrarian and to be right. It's the two that are particularly important because if it was obvious to everyone there's no market opportunity, there's no gap to go do something about it. But then you have to be right about it.

—*Reid Hoffman, UC Berkeley School of Information, 2011*

いつも創造的に大胆に考えなさい。どこに大きな機会が見えますか？　新しい変化が起ころうとしているのはどの分野だと思いますか？　他の人たちにはほとんど見えないけれど、あなたには何かが見えるのです。企業家として成功するためには、他の人とは反対の行動を取りつつ、適切に行動しなければなりません。この二つはとくに重要なことです。もし、そこには市場機会がないということが人々にわかりきっていれば、隙間市場を作りだすこともできないからです。しかし、そのときはあなたが新しい機会を作らなければならないのです。

——リード・ホフマン、2011年カリフォルニア大学バークレー校情報学大学院卒業式祝辞

_____PLUS
boldly 大胆に　　**massive** 巨大な　　**contrarian** 人と反対の行動を取る
★リード・ホフマン：リンクドイン共同創立者
世界的に著名な事業家。投資家として現在はグレイロック理事。リンクドイン理事会議長。

TRACK 9

09

Follow Your Heart
And Your Intuition

あなたの心と直感に従いなさい

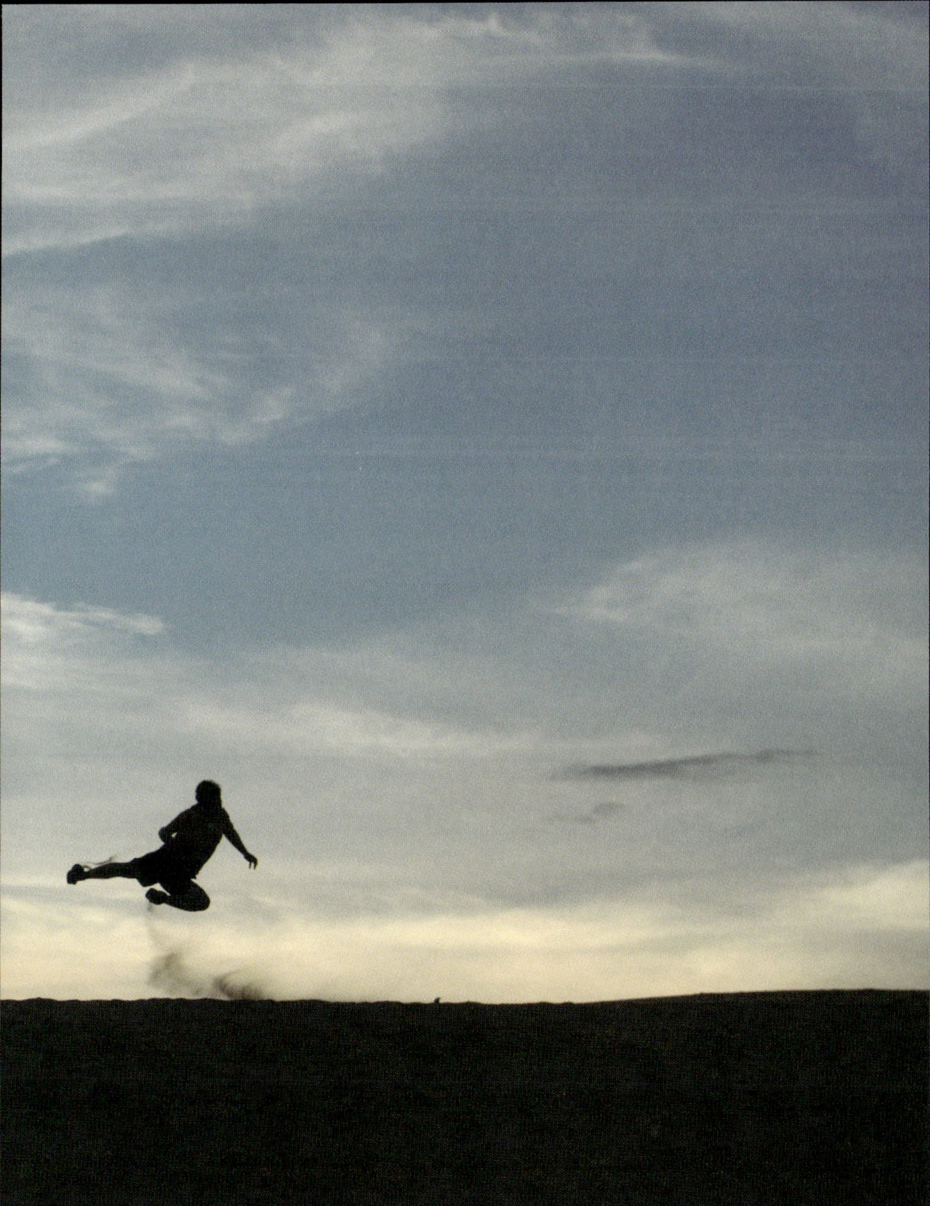

We have very strong intuitions about all kinds of things — our own ability, how the economy works, how we should pay school teachers. But unless we start testing those intuitions, we're not going to do better.

—Dan Ariely, Our buggy moral code

私たちはすべてのものごとに対してとても鋭い直感を持っています。私たちの能力について、経済状況、学校教師への報酬などについての直感です。しかし、これらの直感を試してみないかぎり、私たちがより向上することはないのです。

――ダン・アリエリー、「私たちの狂った道徳律」講演より

PLUS

★ダン・アリエリー：教授
米国デューク大学の心理学および行動経済学教授。The Center for Advanced Hindsight設立者。『予想どおりに不合理――行動経済学が明かす「あなたがそれを選ぶわけ」』、『不合理だからすべてがうまく行く――行動経済学で「人を動かす」』等の著書がある。

The key is to listen to your heart and let it carry you in the direction of your dreams.

—Michael Dell, DELL CEO,
Commencement Address at University of Texas, 2003

重要なのは、あなたの心の声を聴いて、その声にあなたの夢へと運んでもらうことです。

――マイケル・デル、DELL最高経営責任者、
2003年テキサス大学オースティン校卒業式祝辞

PLUS

carry 運ぶ　**direction** 方向

For the most important decisions in your life, trust your intuition, and then work with everything you have, to prove it right.

—Tim Cook, Commencement Address at Auburn University, 2010

人生でもっとも重要な決断のために、あなたの直感を信じなさい。そして、あなたの直感が正しいと証明するために、持てるものすべてを注ぎなさい。

——ティム・クック、2010年オーバーン大学卒業式祝辞

PLUS

decision 決定　**trust** 信じる　**intuition** 直感　**prove it right** 正しいと証明する

★ **ティム・クック：Apple 最高経営責任者**
1988年、デューク大学経営大学院でMBAを取得。その後、12年間、IBMのPC事業部に所属し、コンパック・コンピュータ・コーポレーションで材料部門副社長を務めて、1997年Appleに入社した。前CEOスティーブ・ジョブズの休職中から経営の実務を担当し、2009年1月から6月まで、会社の株価を60％以上引き上げる。スティーブ・ジョブズの後を引き継いだ彼はジョブズのような攻撃型リーダーシップというより、管理型最高経営責任者としてAppleを新しいやり方で導いており、実際、Appleは2012年のティム・クック体制以降には株価が急騰し、企業価値もより上昇している。

Your time is limited, so don't waste it living someone else's life. Don't be trapped by dogma — which is living with the results of other people's thinking. Don't let the noise of others' opinions drown out your own inner voice. And most important, have the courage to follow your heart and intuition. They somehow already know what you truly want to become. Everything else is secondary.

—*Steve Jobs, Commencement Address at University of Stanford, 2005*

あなたの時間には限界があります。だから、他の誰かの人生を生きて、時間を無駄にしないでください。ドグマの罠にかかってはなりません。それは、他人の思うままに生きることです。あなたの内側の声が、他人の意見という騒音に飲み込まれないようにするのです。そして、もっとも大切なことですが、あなたの心と直感に従う勇気を持ってください。どういうわけか、それらはあなたが本当になりたいものがすでにわかっているのです。その他のことは、それほど重要なことではありません。

──スティーブ・ジョブズ、2005年スタンフォード大学卒業式祝辞

PLUS

be limited 制限される　**waste** 浪費する　**be trapped by** ～(計略、罠など)にかかる　**dogma** 独断的主張[見解]、ドグマ　**drown something out** 飲み込んでしまう、聞こえなくする　**secondary** 二次的な

★スティーブ・ジョブズ：
Apple創業者
リード大学中退。世界中に影響を与えた革新的アイコン。マッキントッシュでコンピュータについての人々の考えを変えた。そしてiPadで音楽を聴く方法について、iPhoneで電話についての人々の考えを変えて、iPadで新しいタブレットPC市場を作りだした。

I will hazard a prediction. When you are 80 years old, and in a quiet moment of reflection narrating for only yourself the most personal version of your life story, the telling that will be most compact and meaningful will be the series of choices you have made. In the end, we are our choices. Build yourself a great story.

—Jeff Bezos, Amazon.com CEO,
Commencement Address at Princeton University, 2010

未来について予測してみましょう。あなたは80才で穏やかに考えにふけっています。あなただけのために人生をもっとも私的な見地から物語るとき、もっとも簡潔で有意義な物語は、あなたが行ってきた選択の数々でしょう。結局、私たちは自らの選択によって作り上げられるのです。あなたのすばらしい物語を作り上げてください。

──ジェフ・ベゾス、Amazon.com 最高経営責任者、2010年プリンストン大学卒業式祝辞

PLUS

hazard（批判・反対・失敗などを覚悟の上で）あえてやってみる　prediction 予測、予見　reflection 反映、熟考　narrate 物語る　telling 物語　compact 簡潔な

Paint in your mind the most grand vision where you want to go in life. Prepare, trust in, and execute on your intuition. And don't get distracted by life's potholes.

—Tim Cook, Apple CEO, Commencemet Address at Auburn University, 2010

人生で実現したい、もっともすばらしいヴィジョンを心に描きなさい。そのための準備をして、信じなさい。そして、あなたの直感のままに行動しなさい。人生の落とし穴にわき目をふってはなりません。

──ティム・クック、2010年オーバーン大学卒業式祝辞

PLUS

grand 巨大な　execute 実行する　get distracted 瓦解する、気が散る
pothole（地面の）くぼみ、穴

I'm only asking you to stop every so often and turn off your mobile device, put down the Angry Birds and the Words with Friends and take a moment. Stop to look up and look around. Pause and check in with yourself — and spend a moment there.

—*Maria Shriver, journalist, Commencement Address at University of Southern California's Annenberg, 2012*

私はただ、モバイル機器の電源を切って、もっと頻繁に立ち止まってほしいと言いたいのです。「Angry Birds」や「Words with Friends」を下において、ほんのすこし時間を作ってください。しばらく立ち止まって空を見上げ、あたりを見渡してみましょう。一息ついて、あなた自身に戻ってきたことを告げましょう。そして、しばらくのあいだ、そこで時間を過ごすのです。

——マリア・シュライバー、放送ジャーナリスト、
2012年南カリフォルニア大学アーネンバーグ校卒業式祝辞

PLUS

every so often ときどき、折々　Angry Birds 障害物を撃破していくという内容のモバイルゲーム　Words with Friends モバイル単語ゲーム

Be willing to be wrong. Don't fight for your idea just because you want the credit. Fight for your idea because it's the right one. If it's not, let it go and put your muscle behind the right one. Trust your instincts.

—Adam Savage, Co-host of the Discovery Channel MythBusters, Commencement Address at Sarah Lawrence College, 2012

自ら進んで、失敗を冒しなさい。よい評価を得たいがために、アイデアの優劣を競ってはいけません。正しいと思うなら、そのアイデアのために闘ってください。もし間違っているのなら、それを捨ててしまい、正しいものに力を注ぎなさい。あなたの本能を信じるのです。

――アダム・サヴェッジ、ディスカバリー・チャンネルの『怪しい伝説』の司会者の一人、2012年、サラ・ローレンス大学卒業式祝辞

---------------------PLUS

credit 評価　instinct 本能、天性

In life you make the small decisions with your head and the big decisions with your heart.

—Omid Kordestani, Commencement Address at San Jose University, 2007

人生において、あなたは小さな決断を頭で行います。そして、大きな決断は心で行うのです。

――オミッド・コーデスタニ、2007年サンノゼ州立大学卒業式祝辞

---------------------PLUS

make a decision 決定する
★オミッド・コーデスタニ：Googleのワールドワイド事業開発兼営業担当元上級副社長

TRACK 10

10
Do What You Love
心から好きなことをしなさい

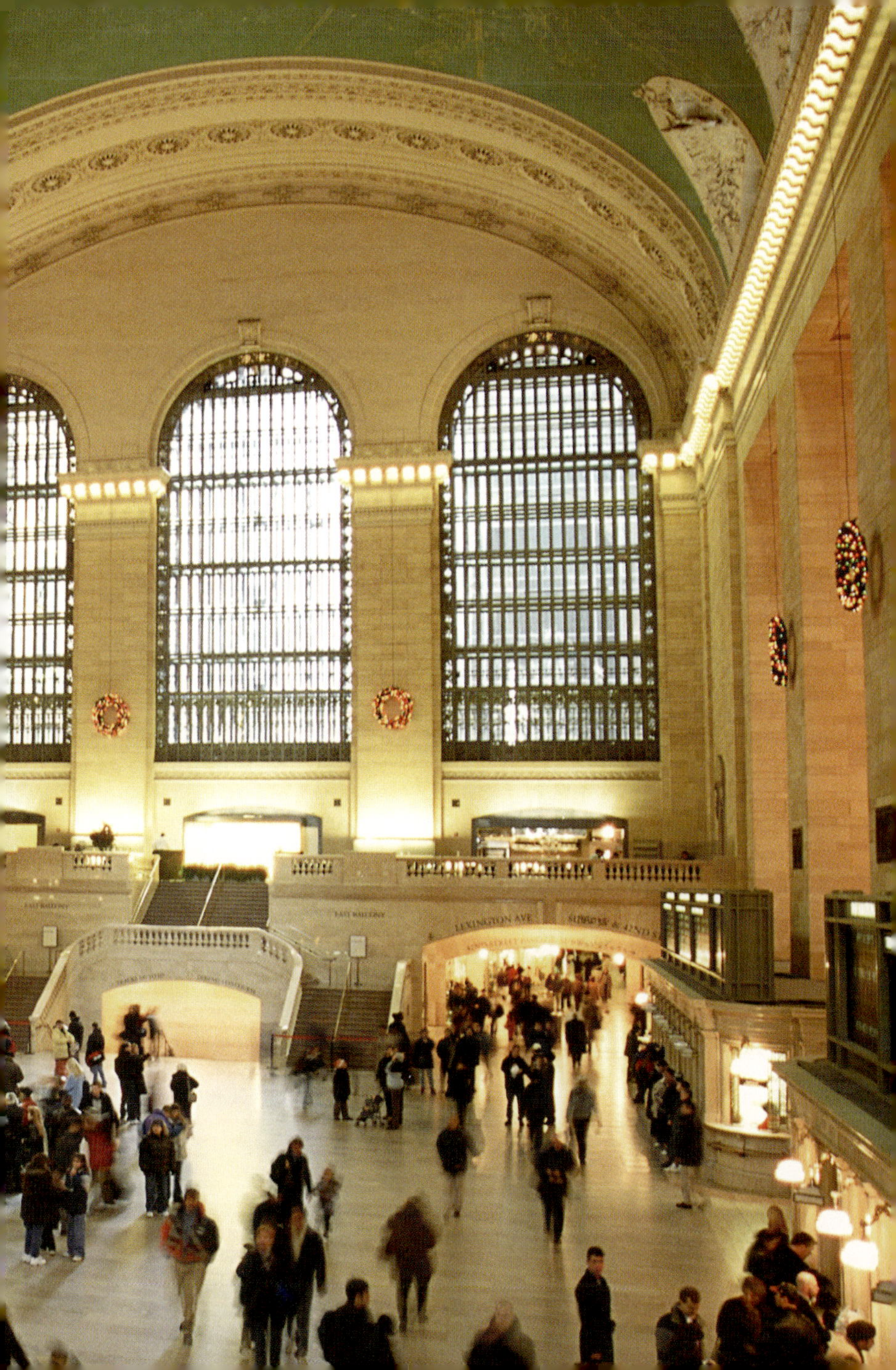
LEXINGTON AVE

Now is the time in your life to be selfish. To explore. To take chances. Remember being selfish is not the same as being self-indulgent. You have the gift of time. Use it to do what you love.

—*Julianna Margulies, Commencement Address at Sarah Lawrence College, 2010*

人生において、今こそ思うままに生きるときです。探検をしましょう。賭けに出ましょう。忘れないでください。思うままに生きることはわがままとは違います。あなたは時間という贈り物を持っています。その時間を使って、心から好きなことをしなさい。

——ジュリアナ・マルグリーズ、2010年サラ・ローレンス大学卒業式祝辞

........................PLUS

selfish 利己的な　take chances 賭けに出る　self-indulgent 自分勝手に

★ジュリアナ・マルグリーズ：女優
米国の女優として、『グッド・ワイフ』、『ロスト・ルーム』等のTVドラマに出演。2011年、第63回プライムタイム・エミー賞ドラマ部門主演女優賞、2011年第17回全米映画俳優組合賞ドラマ部門主演女優賞、2010年第67回ゴールデングローブ賞授賞式TVドラマ部門主演女優賞を受賞。

The interesting thing is: if you do it for love, the money comes anyway.

—*Richard St. John's, 8 secrets of success*

興味深いことに、心から好きなことをしている人のもとには、どういうわけかお金が入ってきます。

——リチャード・セント・ジョン、「成功者だけが知る、8つの秘密！」講演より

........................PLUS

★リチャード・セント・ジョン：マーケティング・リサーチャー、アナリスト

Hopefully life is long. Do stuff you will enjoy thinking about and telling stories about for many years to come. Do stuff you will want to brag about.

—*Rachel Maddow, Commencement Address at Smith College, 2010*

人生は長いものです。できれば、考えるだけでも楽しいことをしなさい。この先、何年ものあいだ、語るのが楽しくなるようなことをするのです。自慢したくなるぐらいのことをしてください。

——レイチェル・マドー、2010年スミス大学卒業式祝辞

---PLUS

for years to come この先、数年のあいだ　brag about ～について自慢する

★レイチェル・マドー：ニュースキャスター
MSNBCの看板ニュースキャスター。ニュース報道番組である「レイチェル・マドー・ショウ」の進行を務める。親民主党の時事評論家。

Do what interests you. You will be making important choices over the next few years. Eventually find what you love to do, and pour yourself into it. You do not want to dread driving to work every day. You'll be at your best, by the way, when you're happy. When you feel joy.

—*Brian Kenny, Commencement Address at Ohio Northern University, 2007*

おもしろいと思うことをしなさい。これから数年間、あなたは重要な選択をしていくでしょう。いつかは心からしたいことを見つけて、それにすべてを注ぎこんでください。毎日、仕事に通うことを不安に思いたくないでしょう。どうであれ、あなたが幸せなとき、喜びを感じているときが、あなたのもっとも素敵な姿なのです。

——ブライアン・ケニー、2007年オハイオ・ノーザン大学卒業式祝辞

---PLUS

interest 興味を起こさせる　pour 注ぐ　dread ひどく心配する　at one's best もっともよい状態、絶好調のとき

★ブライアン・ケニー：MLB（メジャーリーグ）解説者、元ESPNスポーツ解説者

The things I did because I was excited and wanted to see them exist in reality, have never let me down. And, I've never regretted the time I spent on any of them.

—*Neil Gaiman, Bestselling Author,*
Commencement Address at The University of Arts, 2012

心が躍り、現実の世界で実現させたいと思って行ったことには、けっして失望させられません。そして、そのために費やされた時間を後悔したことは一度もありません。

——ニール・ゲイマン、ベストセラー作家、2012年フィラデルフィア芸術大学卒業式祝辞

......................PLUS
let someone down 〜を失望させる　**regret** 後悔する

Don't work for fools. It's not worth it. Getting paid less to work for people you like and believe in is much better for you (and your career) in the long run.

—*Adam Savage, Co-host of the Discovery Channel MythBusters,*
Commencement Address at Sarah Lawrence College, 2012

馬鹿な人たちのために働いてはいけません。そんな価値はありません。報酬が少なかったとしても、あなたが好きな人たちや信じられる人たちのために働いたほうが、長い目で見ればずっと有益です。

——アダム・サヴェッジ、ディスカバリー・チャンネルの『怪しい伝説』の司会者の一人、2012年サラ・ローレンス大学卒業式祝辞

......................PLUS
get paid お金をもらう　**in the long run** 結局は

So you have got to keep your bearings. You've got to figure out what matters to you and stay true to those values. You've got to keep your eyes open as you make your way in the world.

——*Michelle Obama, Commencement Address at North Carolina A&T, 2012*

あなたの姿勢を崩してはなりません。あなたにとって重要なことを把握して、その価値に忠実でありつづけなさい。この世界であなたの道を切り開いていけるように、目を見開いていなければなりません。

——ミシェル・オバマ、2012年ノースカロライナA&T大学卒業式祝辞

PLUS
bearing 態度、姿勢、方向　matter 重要だ　stay 〜という状態を維持する
true 真の、本当の　value 価値
★ミシェル・オバマ：米国オバマ大統領夫人、弁護士

The unfortunate, yet truly exciting thing about your life, is that there is no core curriculum. The entire place is an elective. The paths are infinite and the results uncertain. So if there's any real advice I can give you it's this. College is something you complete. Life is something you experience... Love what you do. Get good at it.

—*John Stewart, Commencement Address at College of William and Mary, 2004*

あなたの人生にとっては実に心躍ることですが、残念なことに人生には必修科目がありません。すべての科目を選ぶことができるのです。人生における道は無限で、結果も不確実です。だから、あなたたちにできる真のアドバイスがあるとしたら、この言葉を贈ります。大学とは、何かを完成させる場所です。しかし、人生は何かを経験するための場所です。あなたが行っていることを愛しなさい。そのことに熟達しなさい。

——ジョン・スチュワート、2004年ウィリアム・アンド・メアリー大学卒業式祝辞

PLUS

core curriculum 必修科目　elective 選択できる、選択講座　infinite 無限の　complete 完了する

★ジョン・スチュワート：俳優
米国の映画俳優兼コメディアン。『ビッグ・ダディ(1999年)』、『それでも、愛してる(2011年)』、『アジャストメント(2011年)』等に出演。

What is a good life? Is it making a lot of money? Is it making a lot of things work in the world? Is it directing people and running companies? When I was young, I thought about it. Well, what if I just went out and told jokes with friends and had great times like in college every day of my life? On the day of my death, which of those two lives would I have preferred?

—Steve Wozniak, Apple Co-founder,
Commencement Address at Santa Clara University, 2012

よい人生とは何でしょう？ たくさんのお金を稼ぐことでしょうか？ 世界中でたくさんのものごとを動かすことでしょうか？ 人々に指示を出して、会社を運営することでしょうか？ 若い頃、そのことについて考えてみました。もし、私が毎日遊びに出かけて、友人たちとジョークを言いあい、大学時代のような幸せな時間を過ごしているだけだったら、どうなっていたでしょう。死を迎えるとき、これら二つの人生のどちらが好ましく思えるのでしょうか？

——スティーブ・ウォズニアック、Apple共同設立者、2012年サンタクララ大学卒業式祝辞

PLUS

direct 指示する　run 会社を経営する　prefer 好む

When you go home to dinner and you have the worst tasting vegetable on your plate, you can make yourself eat dinner if you want. But if you play a game, even if it's really hard, if it's something that you like, you're going to power through it. If you actually do something you love, it's a lot easier and takes on a lot more purpose.

—Mark Zuckerberg, Facebook Founder and CEO,
Belle Haven Community School's eighth grade class, 2011

夕食のために家に帰ると、ひどくまずい野菜だけがお皿に乗っていたとします。あなたが望むなら自分で食事を作って食べることができるでしょう。でも、ゲームをしているときには、それがどんなに難しくても、あなたの好きなことであれば力を与えられるでしょう。本当に心からやりたいことをすれば、すべてがより簡単で、より多くの意義を得られます。

——マーク・ザッカーバーグ、Facebook創業者、最高経営責任者。2011年ベル・ヘブン・エレメンタリー・スクール8年生クラスにて

PLUS

power 力を与える　**purpose** 意義、目的

What are you waiting for? I guarantee you the next 30 days are going to pass whether you like it or not, so why not think about something you have always wanted to try and give it a shot for the next 30 days?

—Matt Cutts, Try something new for 30 days

あなたは何を待っているのですか？　あなたが好むと好まざると、30日という時間は過ぎていってしまいます。だから、いつか試してみたかったことについて考えてみませんか。そして、30日のあいだ、それに挑戦してみてはいかがでしょう？

——マット・カッツ、「30日間チャレンジ」講演より

-----------------------PLUS

　　　guarantee 保証する　pass 通過する、経つ　give it a shot 試してみる、挑戦してみる

　　★ マット・カッツ：Googleのウェブスパム対策チームリーダー、総括エンジニア

TRACK 11

11
Yes! You Can Do Anything
そうだ！あなたは何だってできる

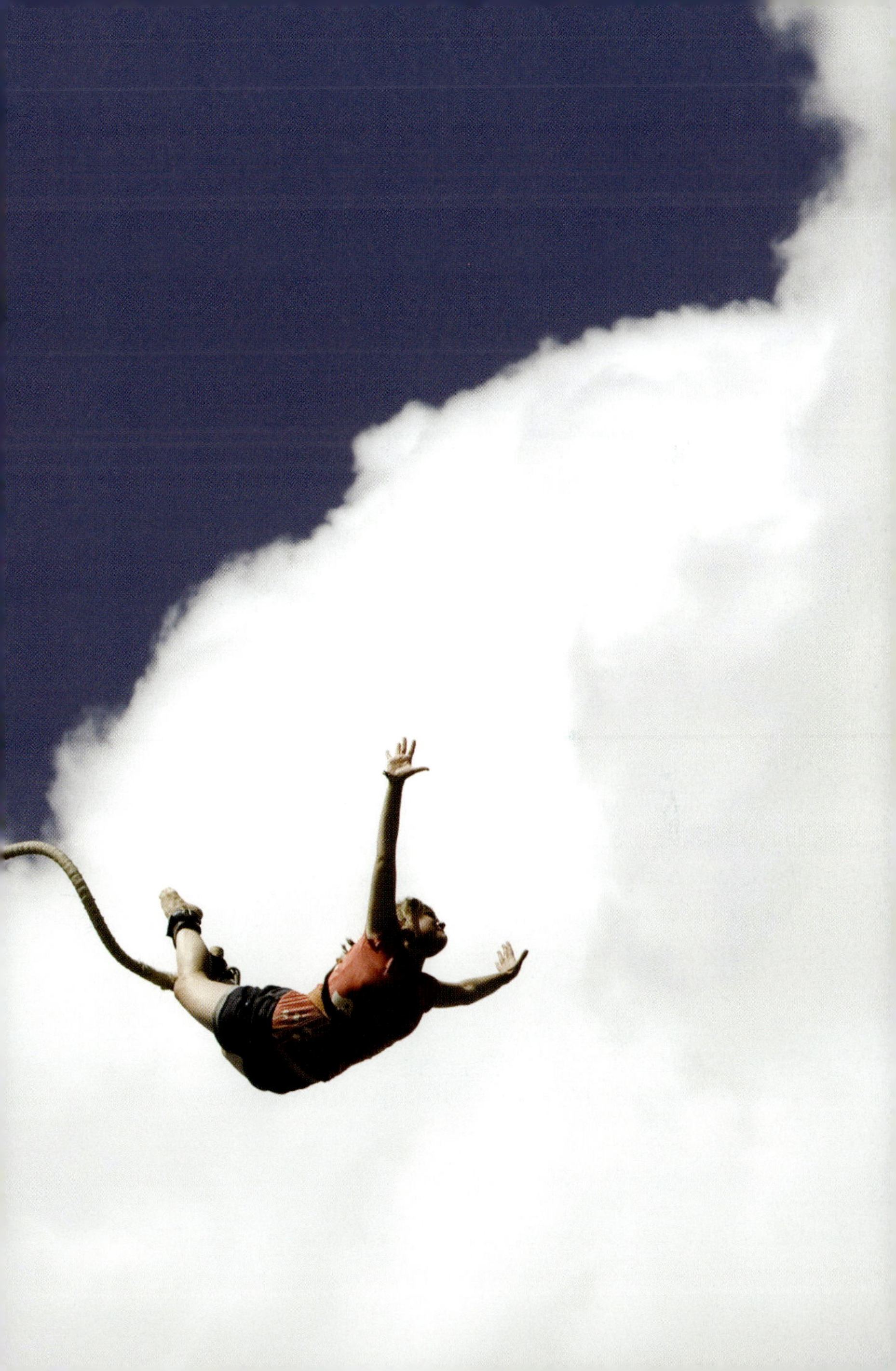

Remember that you have time to figure out what you want to do. Who you need to be. Where you want to go. You have time to fail. You have time to mess up. You have time to try again. And when you mess that up, you still have time. Just so long as you're willing to work hard.

— *Adam Savage, Co-host of the Discovery Channel MythBusters, Commencement Address at Sarah Lawrence College, 2012*

あなたには何をしたいのかを把握する時間があります。どんな人になるべきなのか、どこに行きたいのか。あなたには失敗する時間があります。すべてを台なしにする時間もあります。もう一度挑戦する時間もあります。そして、すべてが台なしになっても、それでも、まだ時間はあります。自ら進んで、一生懸命に取り組むだけでいいのです。

——アダム・サヴェッジ、ディスカバリー・チャンネルの『怪しい伝説』の司会者の一人、2012年サラ・ローレンス大学卒業式祝辞

PLUS

mess up 台なしにする

One of the many things I learned at the end of that Classics corridor down which I ventured at the age of 18, in search of something I could not then define, was this, written by the Greek author Plutarch: What we achieve inwardly will change outer reality.

— *J.K. Rowling, Commencement Address at Harvard University, 2008*

18歳のときに、何ものかを探し求めて入り込んだ古典文学部の廊下の奥で、私は多くのことを学びました。そのひとつはギリシャの作家プルタルコスの文章です。「私たちが内面で成就することは、私たちの外側の現実を変化させるのです」

——J.K.ローリング、2008年ハーバード大学卒業式祝辞

PLUS

corridor 廊下、回廊　venture（危険を押し切って）行く　inwardly 心の中で、ひそかに

Try to keep your mind open to possibilities and your mouth closed on matters that you don't know about. Limit your "always" and your "nevers."

—Amy Poehler, Harvard College Class Day Address, 2011

可能性に対していつも心を開いていなさい。そして、きちんと知らないことについては口をつぐんでいなさい。「常に」という言葉と「けっしてできない」という言葉は謹んでください。

——エイミー・ポーラー、2011年ハーバード大学卒業祝賀会祝辞

PLUS
★エイミー・ポーラー：女優
米国の映画俳優、コメディアン。『ミーン・ガールズ』、『Mr.ウッドコック——史上最悪の体育教師——』、『サウスランド・テイルズ』等に出演。

Whatever happens, whether you succeed or you fail, people with high expectations always feel better, because how we feel — when we get dumped or we win employee of the month — depends on how we interpret that event.

—Tali Sharot, The optimism bias

どんなことが起こっても、成功しても失敗しても、高い理想を持っている人は常に心が軽やかです。というのは、仕事を解雇されたり、その月の優秀社員に選ばれたりというときに、私たちがどう感じるかは、その出来事をどう受け取るかによって変わってくるからです。

——ターリ・シャーロット、「楽観主義バイアス」講演より

PLUS
expectation 期待　depend on 〜に依存する　interpret 解析する
★ターリ・シャーロット：神経科学専門家、英国ロンドン大学認知神経科学教授

Accept the world for what it is, and at the same time, make it your own. I especially want you to make it your own. You have spent the last four years in an environment that has encouraged you to be not just yourself, but your best self, your strongest self.

—*Jane Lynch, Commencement Address at Smith College, 2012*

世界をそのままの姿で受け入れて、同時にあなた自身で作り上げなさい。とくに、あなたたちには世界を作り上げてほしいのです。この4年間、あなたたちは、今のままではなく最善の自分であれ、最強の自分であれ、と力づけてくれるような環境で過ごしました。

——ジェーン・リンチ、2012年スミス大学卒業式祝辞

PLUS

accept 受け入れる　**encourage** 勇気づける

★ジェーン・リンチ：女優
　米国の俳優、コメディアン、歌手。人気ドラマ『Glee（グリー）』で第68回ゴールデングローブ賞助演女優賞、第62回エミー賞コメディ部門助演女優賞を受賞。

Remember that whatever discipline you are in, whether you are a musician or a photographer, a fine artist or a cartoonist, a writer, a dancer, a designer, whatever you do, you have one thing that's unique. You have the ability to make art. Do what only you do best.

—*Neil Gaiman, Bestselling Author, Commencement Address at The University of Arts, 2012*

どんな分野を専攻したとしても、あなたが音楽家でも、フォトグラファーでも、芸術家でも、漫画家でも、作家でも、ダンサーでも、デザイナーでも、あなたが何をしていようと、あなたにしかできないことがあります。あなたには芸術を作り上げる能力があります。あなただけにできる、もっともすばらしいことをやりなさい。

——ニール・ゲイマン、ベストセラー作家、2012年フィラデルフィア芸術大学卒業式祝辞

----------------------PLUS

discipline 学問分野、学科　　**fine artist** 純粋芸術家

If I am jumping into any situation, I'm thinking I am going to be successful. I am not thinking about what happens if I fail.

—*Michael Jordan*

どんな状況に飛び込んだとしても、私は成功すると思っています。失敗したらどうなるかは考えていません。

——マイケル・ジョーダン

When a director gives you a line reading that doesn't feel right for your character, nod and agree with him or her, then do it the way you know your character would do it. If you're an actor, always be true to your character; if you're not an actor, have character, and always be true to yourself... Whatever you do, wherever you go, do something real, make a real product, provide a real service, do something of value. Create something of beauty.

—Robert De Niro, Commencement Address at Bates College, 2012

監督からせりふを渡されて、それがあなたの役柄にふさわしくないと感じたら、監督には同意しておいて、それから役柄に合うと思うようなやり方で演じなさい。もし、あなたが俳優なら、常に役柄に忠実でありなさい。あなたが俳優でないなら、品位を持ち、そして常にあなた自身に忠実でありなさい。何をしているとしても、どこに行くにしても、真実を行いなさい。本物を作りなさい。本当のサービスを提供しなさい。価値のあることをしなさい。美しいものを創りなさい。

――ロバート・デ・ニーロ

PLUS

director 監督　**line** せりふ　**provide** 提供する

★ロバート・デ・ニーロ：俳優
映画俳優であり、TriBeCa（トライベッカ）プロダクションの代表。『ゴッドファーザー PART II（1974）』でアカデミー助演男優賞を受賞、2011年には第64回カンヌ映画祭で審査委員長を務めた。

Find a way to say "Yes" to things. Say yes to invitations to a new country, say yes to meet new friends, say yes to learning a new language, picking up a new sport. Yes is how you get your first job, and your next job. Yes is how you find your spouse, and even your kids. Even if it is a bit edgy, a bit out of your comfort zone, saying yes means that you will do something new, meet someone new, and make a difference in your life — and likely in others' lives as well. Yes lets you stand out in a crowd, to be the optimist, to stay positive, to be the one everyone comes to for help, for advice, or just for fun. Yes is what keeps us all young. Yes is a tiny word that can do big things. Say it often.

—Eric Schmidt, Google Chairman, Commencement Address at Boston University, 2012

ものごとに対して「Yes」と言う手段を見つけなさい。新しい国への招待に「Yes」と言いなさい。新しい友だちとの出会いに「Yes」と言いなさい。新しい言葉を学ぶこと、新しいスポーツを習得することに「Yes」と言いなさい。「Yes」は初めての仕事を得る方法、そして次の仕事を得る方法です。「Yes」は配偶者を見つける方法、子どもを得る方法でさえあります。たとえ、少々不安であっても、あなたの安全地帯を越えていても、「Yes」ということはあなたが新しい何かをするということ、新しい誰かに出会うこと、あなたの人生に変化をもたらすことを意味します。おそらくは、他の誰かの人生に対しても。「Yes」と言うことによって、あなたは大勢の中で際立ちます。「Yes」と言うことによって、あなたを楽観主義に、前向きな姿勢に、みなが助けにきてくれるように、アドバイスをくれるように、あるいは、ただ楽しむために集まってくるようにしてくれます。「Yes」と言うことで、私たちはみな、若さを保つことができます。「Yes」はささやかな言葉ですが、大きなことをなしえます。頻繁に「Yes」と言ってください。

——エリック・シュミット、Google会長、2012年ボストン大学卒業式祝辞

PLUS

edgy 不安な **optimist** 楽観主義者

Never underestimate the power of your example. The very fact that you are graduating, let alone that more women now graduate from college than men, is only possible because earlier generations of women — your mothers, your grandmothers, your aunts — shattered the myth that you couldn't or shouldn't be where you are.

—*Barack Obama, U.S. President, Commencement Address at Barnard College, 2012*

あなたが手本としたものごとの力を過小評価してはなりません。今や男性よりも多くの女性が大学を卒業するのは言うまでもありませんが、あなたが卒業するという事実は、あなたたちのお母様、ご祖母様、おばさまたちのような、これまでの世代の女性たちが「あなたはそこにいてはいけない、いるべきではない」という神話的通念を打ち砕いたからこそ、可能となりました。

——バラク・オバマ、米国大統領、2012年バーナード大学卒業式祝辞

PLUS

underestimate 過小評価する　let alone 〜は言うまでもなく　shatter 砕け散る

Believe anything is possible and then work like hell to make it happen.

—*Julianna Margulies, Commencement Address at Sarah Lawrence College, 2010*

どんなことでも可能だと信じなさい。そして、それが実現するよう必死に取り組みなさい。

——ジュリアナ・マルグリーズ、2010年サラ・ローレンス大学卒業式祝辞

PLUS

like hell 死にもの狂いで、必死に

Make sure you can write this sentence: 'I am who I always wanted to be.'
—*Dr. Sanjay Gupta, CNN's chief medical correspondent Commencement at University of Michigan, 2012*

この文章を書けるようになってください。「私は今、ずっとなりたかったものになっています」
──サンジェイ・グプタ博士、CNN医療担当記者、2012年ミシガン大学卒業式祝辞

........................PLUS
make sure 確信する

Opportunity is everywhere.
—*Susan Lee, CEO of Jae My Holdings Group*

機会はどこにでもあります。
──スーザン・リー、ジェマイ・ホールディングス・グループ最高経営責任者

TRACK
12

12

Take Risks
リスクを負いなさい

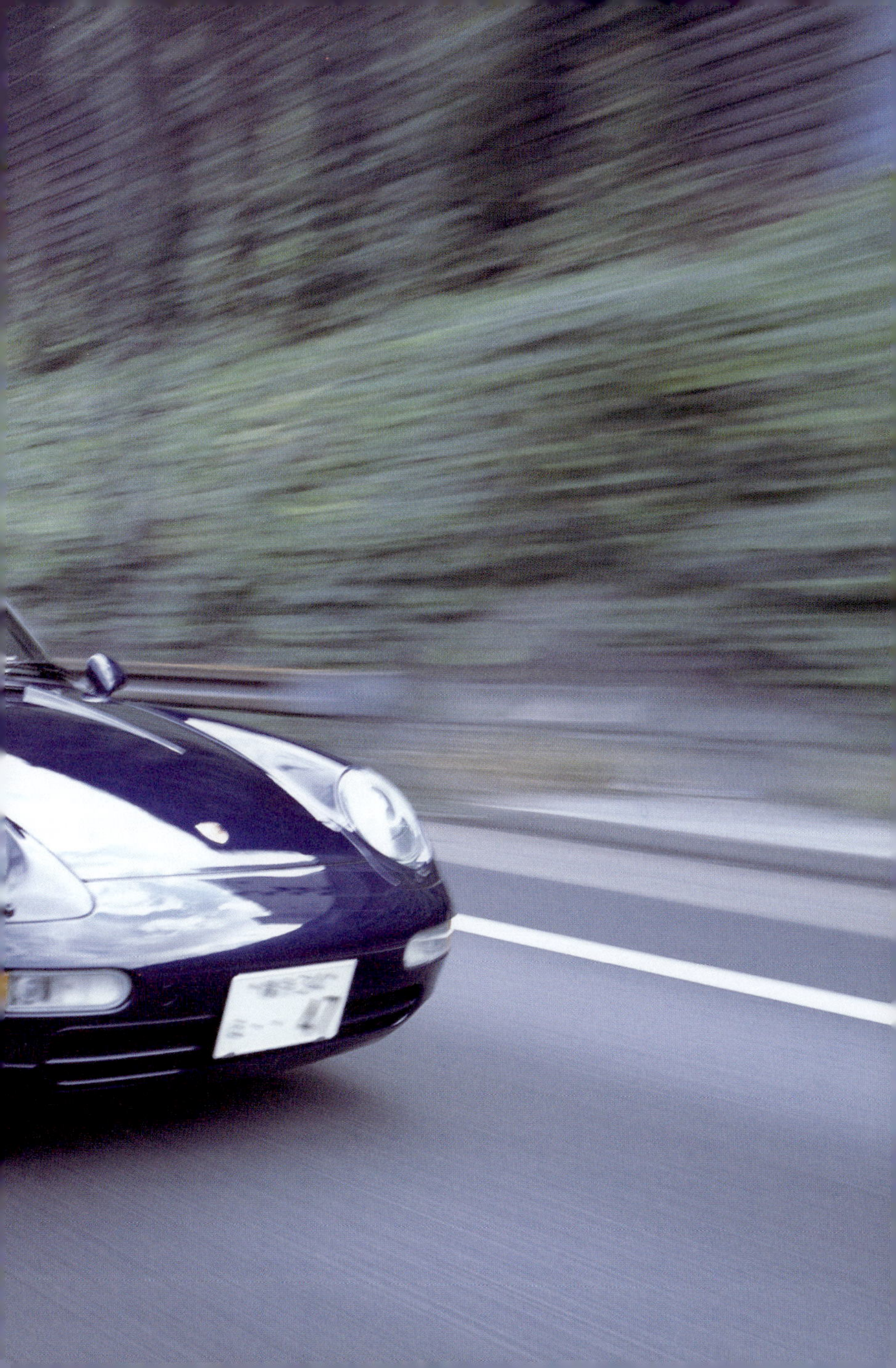

I found that nothing in life is worthwhile unless you take risks.

—Denzel Washington,
Commencement Address at University of Pennsylvania, 2011

あなたがリスクを負わないかぎり、人生には価値あることなどありません。

——デンゼル・ワシントン、2011年ペンシルベニア大学卒業式祝辞

PLUS

worthwhile 〜する価値がある　take a risk リスクを負う

★デンゼル・ワシントン：俳優
映画俳優。『アントワン・フィッシャー きみの帰る場所』を監督し、全米プロデューサー協会によるスタンリー・クレイマー賞を受賞。

If we study what is merely average, we will remain merely average.

—Shawn Achor, The happy secret to better work

普通のことを勉強していたら、普通のことしか残せないでしょう。

——ショーン・エイカー、「幸福と成功の意外な関係」講演より

PLUS

average 平均の、普通の　remain 残る

★ショーン・エイカー：グッド・シンク代表
ハーバード大学でポジティブ心理学の教鞭を取る。

Sometimes you have to take calculated risks and roll the dice, or risk growing old and having to say, "I could have been..."

—Michael Uslan, Commencement Address at Indiana University, 2006

ときには計算の上でリスクを負って、さいころを振らなくてはなりません。そうしなければ、ただ年を重ねて、「あのとき、ああしていれば……」と言うことになります。

――マイケル・ウスラン、2006年インディアナ大学卒業式祝辞

......................PLUS
calculated risks 計算された危険　**dice** さいころ
★マイケル・ウスラン：映画『バットマン』シリーズのプロデューサー

The most important risk is to really put yourself outside of your comfort zone. Take the kinds of risks that put you into uncomfortable areas; that put you into areas that really make you almost feel yourself being remade.

—Jim Yong Kim, World Bank President, Dartmouth's Presidential Lecture Series

もっとも重要なリスクは、あなたの安全圏の外側に出ることです。快適ではない場所に入っていくというリスクを負ってください。あなたが真に創り変えられたと感じるような場所に入っていくのです。

――ジム・ヨン・キム、世界銀行総裁、ダートマス大学総長講演

..........................PLUS
comfort zone 多くの人たちが快適だと感じる気温・湿度・風速の範囲、ほっとして落ち着ける場所

Be willing to take a chance, take a risk with something new... career, hobbies, dating, sports, whatever. It doesn't mean you should be impulsive. It does mean that you should take calculated risks. Get yourself into the arena... be a participant and not a spectator. Don't always wait for approval or perfect knowledge. Do something.

—David Cote, Commencement Address at University of New Hampshire, 2011

キャリア、趣味、デート、スポーツ、何であれ新しいことを進んで行うというリスクを負って、賭けに出てみてください。それは衝動的であるべきだという意味ではありません。計算の上でリスクを負うべきだということです。観客としてではなく、参加者として舞台に上がるのです。誰かの承認や完璧な知識をいつも待っていてはいけません。何か行動に出てみなさい。

——デイヴィッド・コート、2011年ニューハンプシャー大学卒業式祝辞

PLUS

impulsive 衝動的な　calculated 計算された　arena 舞台、競技場　participant 参加者　spectator 観衆

★デイヴィッド・コート：ハネウェル・インターナショナル社長
米国の自動化機器、電子制御システムを製造販売するハネウェル・インターナショナルの社長。

Take your risks now. As you grow older, you become more fearful and less flexible.

—Amy Poehler, Harvard College Class Day Address, 2011

今こそ、リスクを負いなさい。年を取るにつれて、あなたはもっとおびえ、柔軟性を失います。

——エイミー・ポーラー、2011年ハーバード大学卒業祝賀会祝辞

PLUS

fearful 恐ろしい、おびえた　flexible 柔軟な

The fact that we are all connected now is a blessing, not a curse, and we can solve many problems in the world as a result. Not only is it an advantage you have; it's a responsibility you carry. Technology doesn't work on its own. It's just a tool. You are the ones who harness its power. And that requires innovation and entrepreneurship. All of these connections you forge — the digital ties that bind our humanity together — that's not possible without technology. But it's also not possible without you, without a heart. You have the heart. And the future will not beat without you.

—*Eric Schmidt, Google Chairman, Commencement Address at Boston University, 2012*

現在、私たちみながつながりあっているという事実は呪わしいことではなく、喜ばしいことです。結果的には、世界中の多くの問題を解決することができるのです。それはあなたの強みであるばかりではありません。それはあなたの責任です。テクノロジーは自ら働くものではありません。ツールにすぎないのです。あなたがその力を利用するのです。そして、それは革新と企業家精神を求めます。私たち人類をつないでいるデジタルな関係のように、あなたが築きあげたつながりはすべて、テクノロジーがあって初めて可能となりました。しかし、あなたがいなくても、あなたの心がなくても可能とはなりえませんでした。あなたには心があります。そして、あなたなくして未来が刻まれることはないでしょう。

——エリック・シュミット、Google会長、2012年ボストン大学卒業式祝辞

PLUS

curse 呪い　**harness** 活用する　**entrepreneurship** 企業家精神　**forge** 構築する　**humanity** 人類

Develop your own compass, and trust it. Take risks, dare to fail, remember the first person through the wall always gets hurt.

—*Aaron Sorkin, Commencement Address at Syracuse University, 2012*

あなた自身の羅針盤を作りだして、それを信じなさい。危険を冒して、思い切って失敗しなさい。初めて壁を打ち破った人はいつも傷つくものだ、ということを忘れてはいけません。

――アーロン・ソーキン、2012年シラキュース大学卒業式祝辞

PLUS

compass 羅針盤

Don't have a plan. Plans are for wusses. You are obviously good planners or you wouldn't be here. Stop it now! Don't deprive yourself of the exciting journey your life can be when you relinquish the need to have goals and a blueprint.

—*Jane Lynch, Commencement Address at Smith College, 2012*

計画はしないでください。計画とは臆病者のためのものです。あなたはきっと計画を立てるのが上手でしょう。そうでなければ、ここにいるはずがありません。計画するのは、今すぐやめなさい。人生の目標や設計図を放棄したとき、あなたの人生は心が躍るような旅になるかもしれません。それをあなたから奪ってはなりません。

――ジェーン・リンチ、2012年スミス大学卒業式祝辞

PLUS

wuss 臆病者、怖がり　deprive 奪う、剥奪する　relinquish あきらめる　blueprint 設計図

It's a fascinating and energizing and exciting world out there. Take advantage of it. See the world. See its possibilities.

—*Tony Blair, Former British Prime Minister, Commencement Address at Colby College, 2012*

ここには魅惑的で活気に満ち、刺激的な世界があります。それを活用しなさい。世界を見なさい。その可能性を見るのです。

──トニー・ブレア、英国元首相、2012年コルビー大学卒業式祝辞

PLUS

fascinating 魅惑的な　energizing 活動的にする　take advantage of 〜 〜を活用する　possibility 可能性

TRACK 13

13

Embrace Change And Learn To Deal With Uncertainty

変化を受け入れて、
不確かなことに対処しなさい

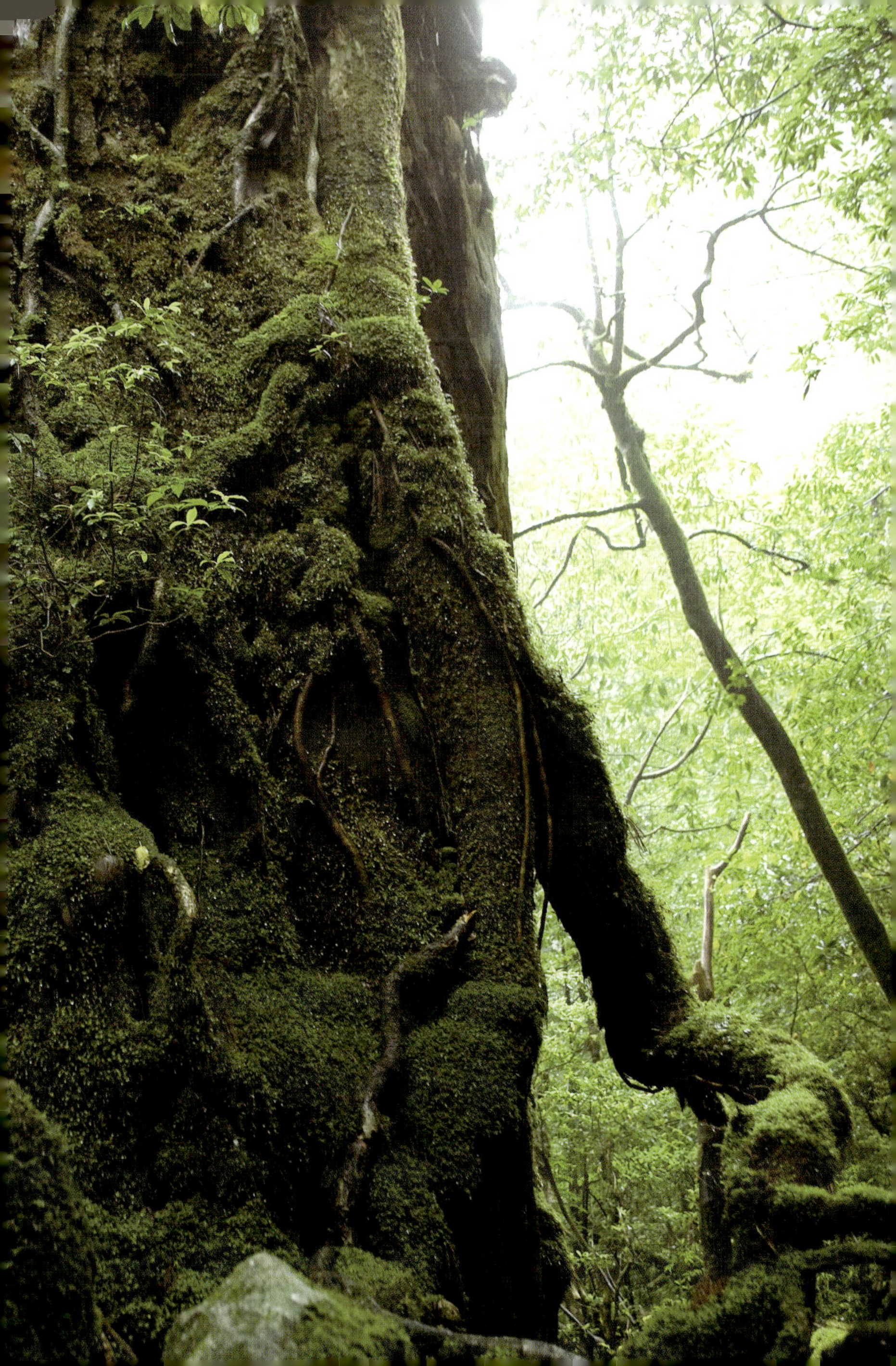

So how do you know what is the right path to choose to get the result that you desire? And the honest answer is this. You won't. And accepting that greatly eases the anxiety of your life experience.

—John Stewart, Commencement Address at College of William and Mary, 2004

望む結果を得るための正しい道がどれなのか、どうすればわかるのでしょうか。正直に答えると、あなたにはできません。それを受け入れることによって、これからの人生への不安がおおいにやわらぐでしょう。

——ジョン・スチュワート、2004年ウィリアム・アンド・メアリー大学卒業式祝辞

.............................PLUS
ease（人を）楽にする　anxiety 心配、不安

You know that uncertainty you feel today? It never goes away. The question is, do you know how to make uncertainty your friend?

—David Brooks, Commencement Address at Wake Forest University, 2007

今、あなたが感じている不安を知っていますか？　それはけっしてなくなることはありません。問題は、どうすれば不安と友だちになるかを知っているかどうかなのです。

——デイヴィッド・ブルックス、2007年ウェイクフォレスト大学卒業式祝辞

.............................PLUS
uncertainty 不確実性、あいまいさ、不安

★デイヴィッド・ブルックス：コラムニスト
『ニューヨークタイムズ』のコラムニスト。ブルジョアの物質的豊穣とボヘミアンの精神的豊穣を同時に享受する、米国の新しい上流階級を「ボボス（BOBOS）」という新造語で称する。主な著書は『アメリカ新上流階級 ボボズ─ニューリッチたちの優雅な生き方』、『人生の科学：「無意識」があなたの一生を決める』等。

Be wise, because the world needs more wisdom. And if you cannot be wise, pretend to be someone who is wise and then, just behave like they would.

—*Neil Gaiman, Bestselling Author, Commencement Address at The University of Arts, 2012*

賢くあれ。世界がもっと知恵を求めているからです。そして、もし賢明になれなければ、賢い人のふりをして、彼らのように振る舞うようにしなさい。

──ニール・ゲイマン、ベストセラー作家、2012年フィラデルフィア芸術大学卒業式祝辞

PLUS

wise 賢明な　behave 行動する

The next time you're faced with something that's unexpected, unwanted and uncertain, consider that it just may be a gift.

—*Stacey Kramer, The best gift I ever survived*

思いがけないこと、望んでいないこと、不確かなことに直面したときには、ただの贈り物なのだと考えなさい。

──ステイシー・クレイマー、「人生最高の贈り物」講演より

PLUS

face 直面する、向き合う　unexpected 予想外の　unwanted 望まれない
uncertain 不確実な　consider 考える　gift 贈り物

★ ステイシー・クレイマー：ワード・フォー・ワード創立者
ブランド管理戦略会社であるブランドプレイの共同創立者。ブランドコンサルティング会社であるワード・フォー・ワードの創立者。

You can't make a cloudy day a sunny day, but can embrace it and decide it's going to be a good day after all. Stay fluid and roll with those changes. Life is just a big extended improvisation.

—Jane Lynch, Commencement Address at Smith College, 2012

曇りの日を晴れに変えることはできませんが、それを受け入れて、最終的によい日になるようにしようと決めることはできます。流動的になって、その変化を受け入れなさい。人生はまさに延長された即興演奏なのです。

——ジェーン・リンチ、2012年スミス大学卒業式祝辞

PLUS

embrace 抱擁する、受容する　fluid 流動的な　improvisation 即席にやること、即興曲

The reasonable man adapts himself to the world. The unreasonable one persists in trying to adapt the world to himself. Therefore, all progress depends on the unreasonable man.

—George Bernard Shaw, from 'Man and Superman'

理にかなった人は世の中に適応します。理にかなわない人が世の中に適応しようと試みを続けるのです。よって、すべての発展は理にかなわない人によってなされるのです。

——ジョージ・バーナード・ショー、『人と超人』より

PLUS

reasonable 道理にかなった、合理的な　adapt 適用させる　persist in ～に固執する

No one ever made a million bucks by being cautious or timid or reasonable. I was 22 years old and recently married when I had the crazy idea that I should give up my career as a CPA and become a homebuilder. I didn't know anything about building houses. Sometimes the craziest ideas are the ones that yield the greatest payoffs.

—Eli Broad, Commencement Address
at UCLA School of Arts and Architecture, 2006

注意深さ、臆病さ、分別によって、100万ドルを稼いだ者はいません。公認会計士としてのキャリアをあきらめて、住宅建設業者になろうという途方もないアイデアを思いついたとき、私は22才で結婚したばかりでした。住宅建設については何も知りませんでした。ときに、ひどく常軌を逸したアイデアが大きな報酬を生み出すのです。

——エリ・ブロード、米国の億万長者、
2006年カリフォルニア大学ロサンゼルス校芸術・建築学部卒業式祝辞

............................PLUS
　　　　cautious 注意深い　timid 臆病な　homebuilder 住宅建設業者　yield 産出する、〔報酬や利益を〕得る　payoff 報酬

Change is the only constant. Hanging on is the only sin.
—Denise McCluggage, Interview from WomenSportsmagazine, June 1977

変化とは唯一の不変なものです。しがみつくことは唯一の罪です。
——デニス・マックルゲージ、『WomenSportsmagazine』1977年6月号インタビューより

............................PLUS
　　　　constant 絶えず続く　hang on 手放さない　sin 罪悪
　　　　★デニス・マックルゲージ：米国の女性レーサー、著述家、ジャーナリスト、フォトグラファー

You must be able to let go of the past, whatever success you may have seen, whatever your comfort, whatever your habits. To me, that's the key to loving life: Enabling yourself to step bravely into the unknown. Only there will you find yourself again.

—*Juliette Binoche*

あなたは過去を手放すことができます。どんなに成功したとしても、どんなに快適なものでも、どんな習慣を持っていたとしても。私にとって、それが人生を愛する鍵なのです。未知なるものへと勇敢に歩み出せるようにしてくれるのです。そこでは、あなた自身を再び見いだすことでしょう。

――ジュリエット・ビノシュ

PLUS

let go of the past 過去を手放す　**comfort** 心地よさ、快適さ　**habit** 習慣　**enable** 可能にする　**the unknown** 未知なるもの

★ ジュリエット・ビノシュ：女優

世界三大映画祭すべてを席巻した、フランスの映画女優。レオ・カラックス監督『汚れた血』でデビュー。『トリコロール／青の愛』でセザール賞主演女優賞とヴェネツィア国際映画祭主演女優賞を受賞。『イングリッシュ・ペイシェント』でベルリン国際映画祭銀熊賞とアカデミー助演女優賞を受賞。『トスカーナの贋作』でカンヌ映画祭主演女優賞を受賞。

Education gives you the opportunity of choice. You learn how to design your own path. Whatever choices you make, make them with confidence. You are here today to open a new chapter of your lives. Don't be afraid to change your life's course. Don't be afraid to reinvent yourself.

—James Franco, Commencement Address at UT Arlington, 2012

教育はあなたに選択の機会を与えます。あなたは自分の道をどう設計すればよいかを学びます。あなたが何を選択するにしても、自信を持って選択してください。あなたは今日、人生の新しい一章を開くためにここにいます。人生の進路を変更することを怖れないでください。再出発することを怖れないでください。

——ジェームズ・フランコ、2012年テキサス大学アーリントン校卒業式祝辞

_____PLUS

design 設計する　reinvent 再び創造する

★ジェームズ・フランコ：俳優
米国の映画俳優。代表作は『127時間』、『猿の惑星：創世記』等。

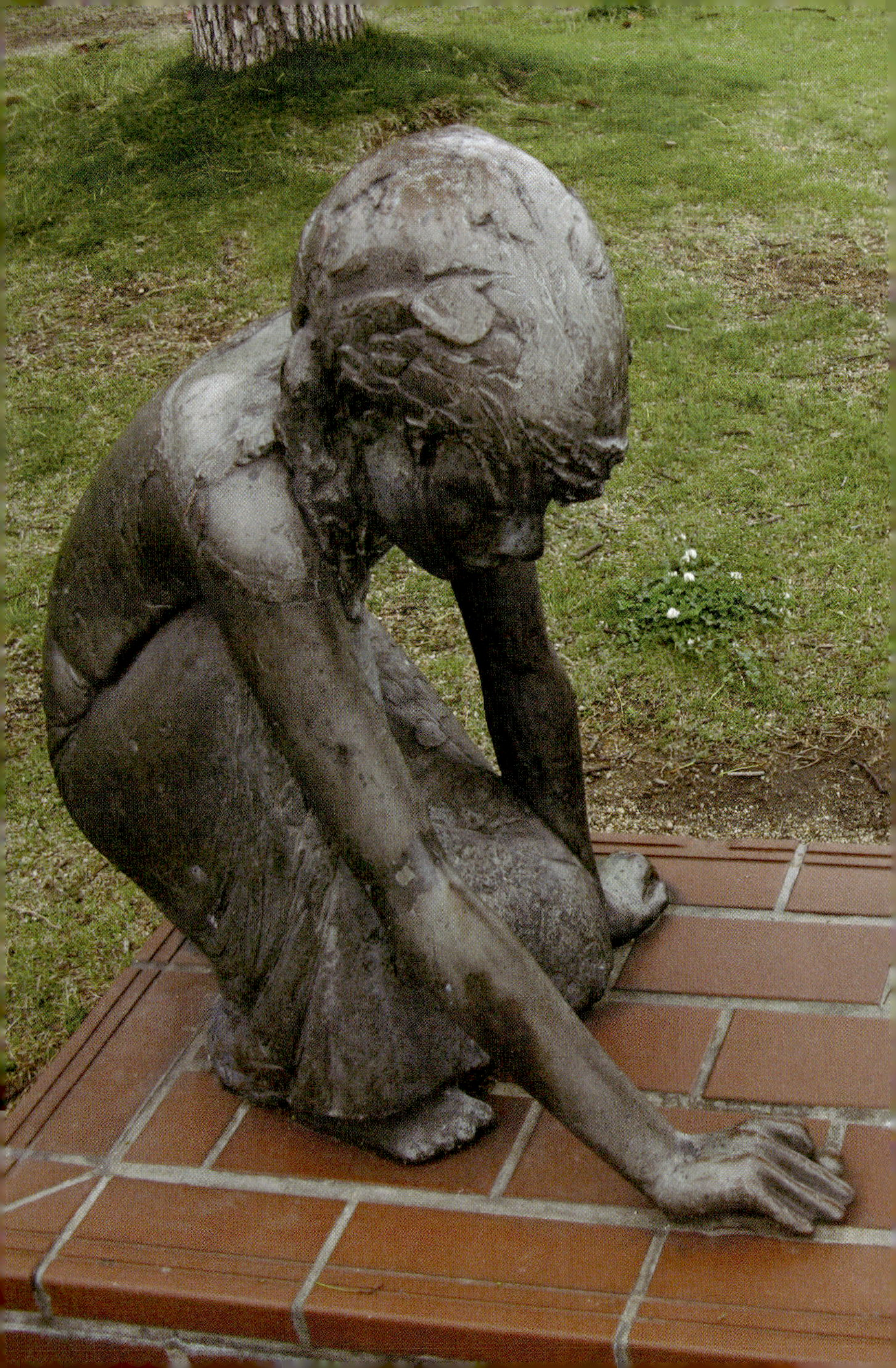

TRACK 14

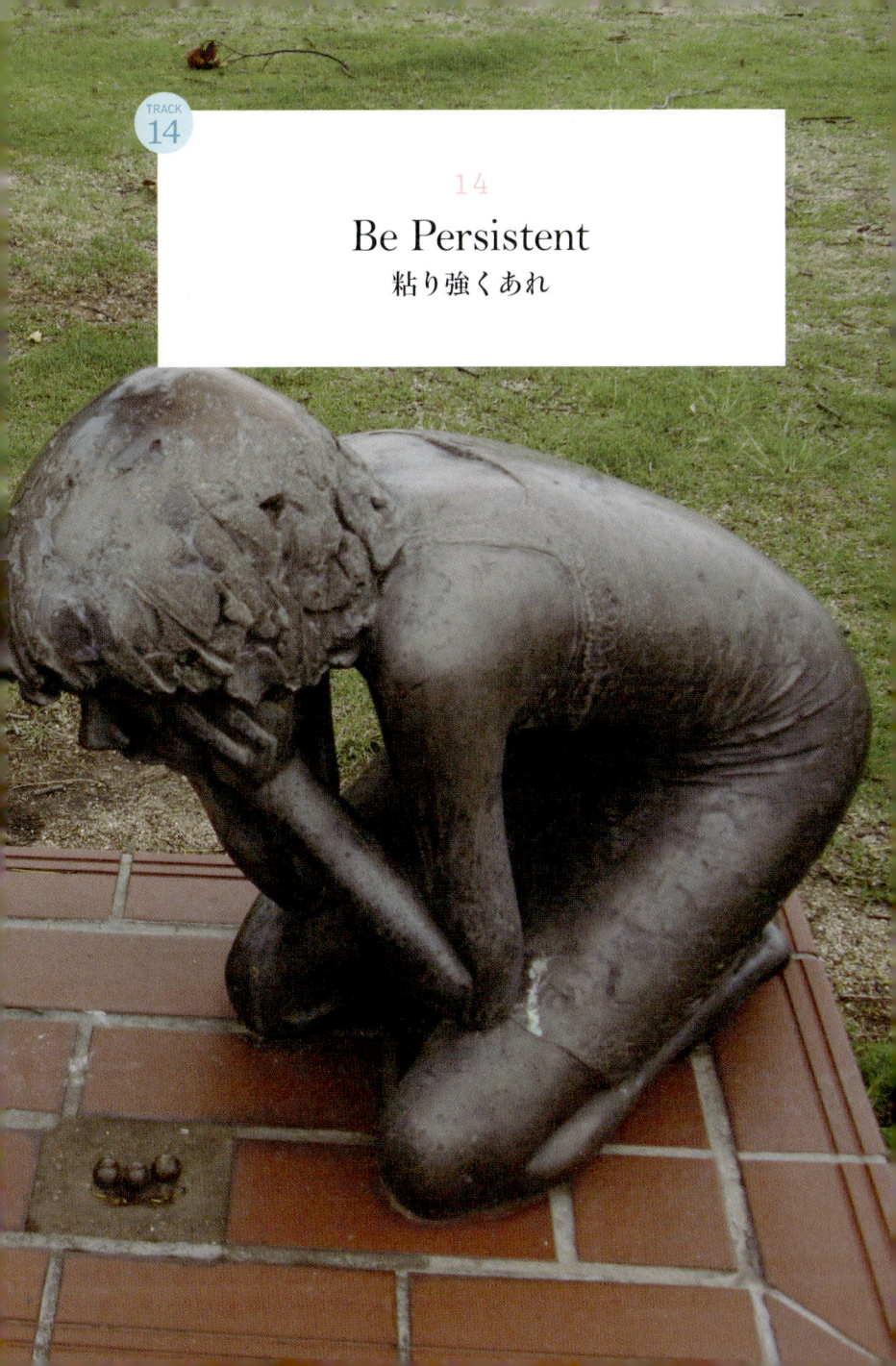

14

Be Persistent

粘り強くあれ

The secret of happiness is: Find something more important than you are and dedicate your life to it.

—Dan Dennett, from 'dangerous memes'

幸せの秘密は、あなたよりもっと重要なものを見つけて、あなたの人生をそれに捧げることです。

——ダニエル・デネット、「危険なミーム」講演より

PLUS
dedicate 献身する
★ダニエル・デネット：「心の哲学」、「科学哲学」、「生物学の哲学」について研究する哲学者

No matter how tough times get, you will be tougher. No matter what life throws at you, you will be ready. You will not be defined by the difficulties you face, but how you respond — with strength, and grace, and a commitment to others.

—Barack Obama, U.S. President, Commencement Address at Joplin High School, 2012

どんなに厳しい状況になろうとも、あなたはよりタフになるでしょう。人生があなたに何を投げつけようとも、準備することができるでしょう。あなたは直面する困難によってではなく、力や優しさ、他者への献身をもって、どのように応じたかによって判断されるのです。

——バラク・オバマ、米国大統領、2012年ジョプリン高校卒業式祝辞

PLUS
grace 尊厳、優しさ　**commitment** 約束、献身　**be defined by** 〜によって定義される

Discipline is doing the same thing the right way whether anyone's watching or not.

—Michael J. Fox

修行とは誰かが見ているかどうかに関わらず、同じように正しいことを行うことです。

——マイケル・J・フォックス

PLUS

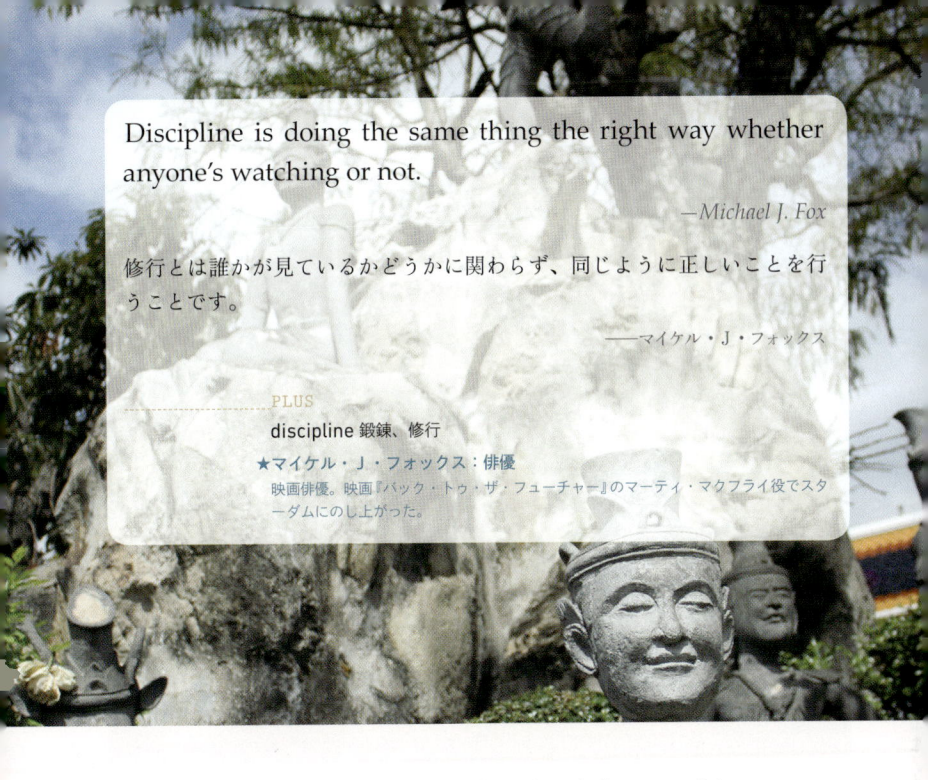

discipline 鍛錬、修行

★マイケル・J・フォックス：俳優
映画俳優。映画『バック・トゥ・ザ・フューチャー』のマーティ・マクフライ役でスターダムにのし上がった。

Be persistent. Each one of you has the ability to achieve great things. But beyond a certain level of talent, the difference between those who achieve great things and those who don't is usually not talent, it is persistence.

—Jim Yong Kim, World Bank President, Inauguration of 17th President of Dartmouth

粘り強くありなさい。あなたたちには偉大なことを成し遂げる能力があります。しかし、才能もある程度を超えると、すばらしいことを達成した人とできなかった人との違いは才能ではなく、粘り強さです。

——ジム・ヨン・キム、世界銀行総裁、ダートマス大学17代総長就任演説

PLUS

persistent 根気強い、固執する　achieve 達成する　persistence 根気

Persevere. Nothing worthwhile is easy. No one of achievement has avoided failure — sometimes catastrophic failures. But they keep at it. They learn from mistakes. They don't quit.

—Barack Obama, U.S. President,
Commencement Address at Barnard College, 2012

忍耐強くあれ。価値あるものでやさしいものなどありません。何かを達成した人に失敗を、ときには破滅的な失敗をまぬがれた人はいません。しかし、彼らはあきらめずにそれを続けました。彼らは失敗から学びます。彼らはあきらめません。

——バラク・オバマ、米国大統領、2012年バーナード大学卒業式祝辞

PLUS

persevere 目的を貫く、やり抜く　**catastrophic** 破滅的な、悲劇的な
keep at it あきらめずに続ける　**quit** 中止する、あきらめる

You'll find out that nothing that comes easy is worth a dime. As a matter of fact, I never saw a football player make a tackle with a smile on his face. Never.
—*Woody Hayes, Commencement Address at Ohio State University, 1986*

簡単に得られるものにはまったく価値がないことがわかるでしょう。実際、笑顔を浮かべてタックルするフットボール選手を見たことがありません。たった一度も。

————ウッディ・ヘイズ、1986年オハイオ州立大学卒業式祝辞

PLUS
not worth a dime まったく価値のない　tackle タックルする

When I get asked a one liner, "what's the secret to success?" I just say: "Early to bed, early to rise, work like hell and advertise."

—Ted Turner, Commencement Address at Montana State University, 2011

「成功の秘訣は何ですか？」とジョークで聞かれたら、私はこう言うでしょう。「早寝早起きをして、死にもの狂いで働き、そして宣伝しなさい」

──テッド・ターナー、2011年モンタナ州立大学卒業式祝辞

----------PLUS
one liner ジョーク、しゃれ
★テッド・ターナー：CNN創立者
CNNの創立者。現在はターナー財団理事長、AOLタイムワーナー副会長、国連財団理事長。

I've learned that I can pretty much do anything I've wanted to as long as I was methodical and diligent about it. It may not sound very exciting really, but it works!

—Jamie Hyneman, Commencement Address at Villanova University, 2010

体系的で勤勉であれば、自分が望んだことはどんなことでも大体はこなせるとわかりました。心躍るような話ではありませんが、うまく行くのです！

──ジェイミー・ハイネマン、2010年ヴィラノーヴァ大学卒業式祝辞

----------PLUS
methodical 体系的な、秩序立った　diligent 勤勉な、熱心な　sound ～～のように聞こえる　work〈計画などが〉うまく行く
★ジェイミー・ハイネマン：特殊効果専門家
米国の特殊効果専門家。ディスカバリー・チャンネルの番組『怪しい伝説』の司会者。

I don't believe in luck, I believe in preparation.
—*Bobby Knight, Commencement Address at Trine University, 2010*

幸運なんて信じていません。私は備えておいたことを信じます。
——ボビー・ナイト、2010年トリーン大学卒業式祝辞

............................PLUS
preparation 準備

★ボビー・ナイト：大学バスケットボール監督
米国史上、最高の大学バスケットボール監督。バスケットボール映画『ハード・チェック』のモデルになった。

Just remember, you can't climb the ladder of success with your hands in your pockets.
—*Arnold Schwarzenegger, Commencement Address at University of Southern California, 2009*

よく覚えておきなさい。ポケットに両手を入れたままで成功というはしごを登っていくことはできません。
——アーノルド・シュワルツェネッガー、2009年南カリフォルニア大学卒業式祝辞

............................PLUS
climb 登る **ladder** はしご

There are no shortcuts to success — A lot of building a company or a product like Facebook is just about determination and believing that you can. Everything that's worth doing is actually pretty hard. It's not about a single moment of inspiration or brilliance, it's years and years of practice and hard work. Anything that's really awesome takes a lot of work.

—Mark Zuckerberg, Facebook Founder and CEO,
Belle Haven Community School's eighth grade class, 2011

成功に近道はありません。Facebookのような会社や製品をたくさん作ることは単なる決意の問題であって、後は、あなたができると信じることです。行う価値のあることはすべて、実際にはかなり難しいものです。インスピレーションや才気によって単に思いつくだけではなく、実践と重労働を何年も続けなければなりません。本当にすばらしいことには、大変な作業が必要なのです。

——マーク・ザッカーバーグ、Facebook創業者、最高執行責任者、
2011年ベル・ヘブン・エレメンタリー・スクール8年生クラスにて

PLUS

determination 決意　　**brilliance** 技能、才気　　**awesome** 畏怖心に満ちた、ものすごい

Passion is the ability to get excited about something. Irrepressibility and tenacity is about the ability to stay with it. If you take a look at all of the companies that have been started in our business, most of them fail. If you take even a look at the companies that have succeeded, Microsoft, Apple, Google, Facebook, you name it, all of these companies went through times of hardship. You get some success. You run into some walls. You try a formula for a new idea, a new innovation, it doesn't work. And it's how tenacious you are, how irrepressible, how ultimately optimistic and tenacious you are about it that will determine your success.

—*Steve Ballmer, Microsoft CEO, Commencement Address at University of Southern California, 2011*

情熱は何かに心躍らすことができる能力です。活力に満ちていること、粘り強いことはそこにとどまる能力です。我々のようなビジネスを始めた企業を眺めてみると、ほとんどの会社は失敗しています。Microsoft、Apple、Google、Facebookのような成功した企業をさらに眺めてみると、これらの企業はすべて困難な時期を経験してきました。あなたは多少は成功します。そして何らかの壁に出くわします。新しいアイデアや新しい革新のために、いつものやり方で試みますが、うまくは行きません。そして、それに対してどれだけ粘り強いか、どれだけ活力に満ちているか、どれだけ楽観的に執拗に挑んでいけるのか、それが成功を決定づけるのです。

――スティーブ・バルマー、Microsoft最高執行責任者、
2011年南カリフォルニア大学卒業式祝辞

PLUS

passion 情熱　irrepressibility 活力に満ちていること　tenacity 粘り強さ
go through 経験する　fail 失敗する　hardship 困難、混乱　formula 常套手段、いつものやり方　tenacious 粘り強い

TRACK 15

15
Live Now
今を生きる

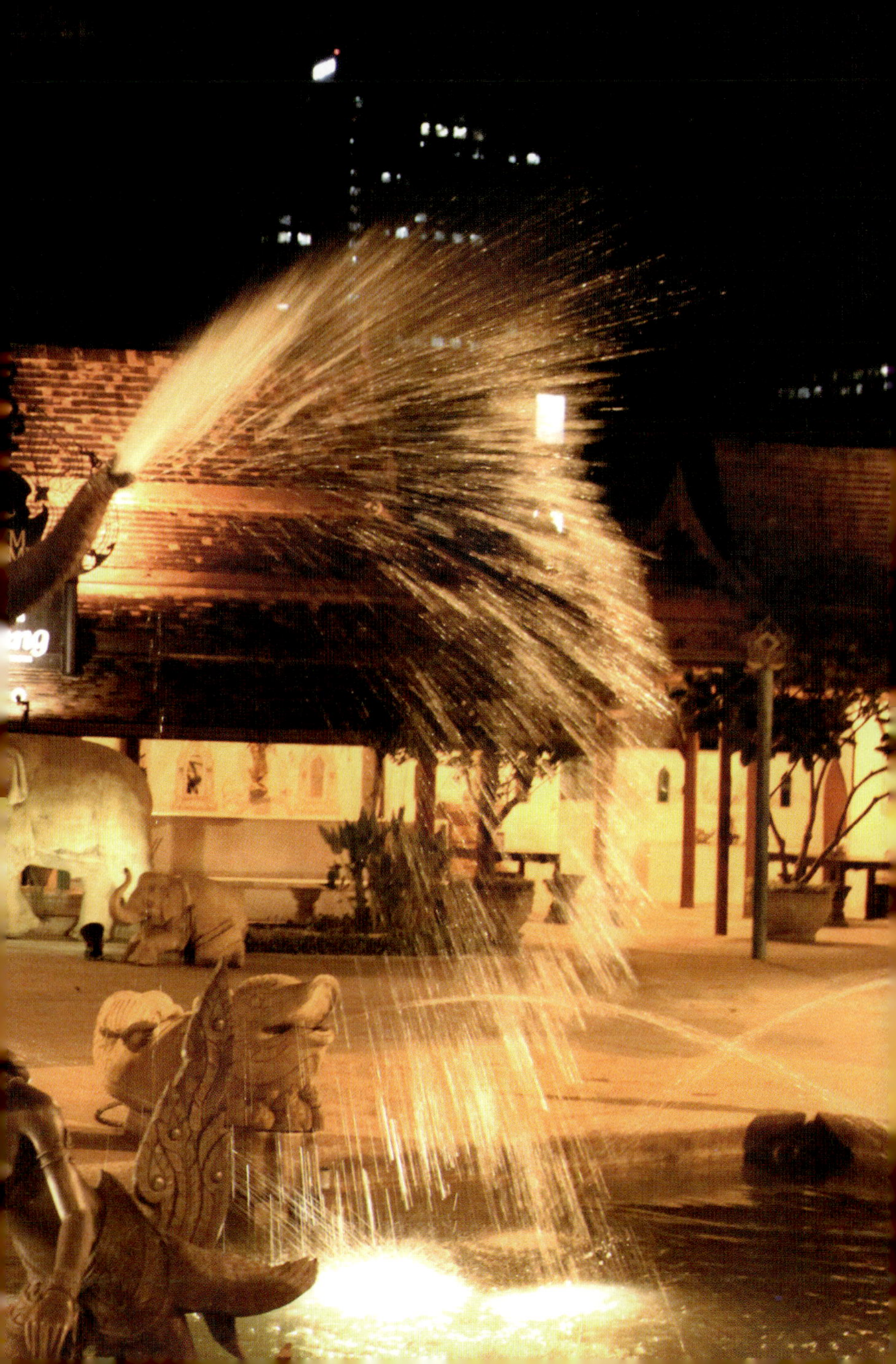

Don't wait until you make your first million to make a difference in somebody's life. If you have something to give, give it now.

—Mark Bezos, A life lesson from a volunteer firefighter

他人と差をつけるために最初の100万ドルを稼ぐまで待っていてはいけません。与えられるものが何かあれば、それを今与えなさい。

——マーク・ベゾス、「ボランティア消防士が語る人生の教え」講演より

PLUS

★マーク・ベゾス：ロビンフッド常務
ニューヨーク市の貧困問題解決団体であるロビンフッドの常務。

You will never have more energy or enthusiasm, hair, or brain cells than you have today.

—Tom and Ray Magliozzi, Commencement Address at MIT, 1999

あなたのエネルギーや情熱、髪の毛、脳細胞が、今よりも増えることはけっしてありません。

——トム＆レイ・マグリオッジ、1999年マサチューセッツ工科大学卒業式祝辞

PLUS

★トム・マグリオッジ＆レイ・マグリオッジ：放送ジャーナリスト
MIT出身で、米国の非営利公共ラジオ（NPR）の番組「Car Talk（カー・トーク）」の司会を務める。

Embrace the ever changing, ever evolving world with the best rule I've ever found. Say "YES AND."

—*Jane Lynch, Commencement Address at Smith College, 2012*

常に変化を受け入れて、私が見つけた最高のルールによって世界を発展させなさい。「YES AND」と言うのです。

——ジェーン・リンチ、2012年スミス大学卒業式祝辞

.............................PLUS
embrace 受け入れる　**evolving** 進化する
***YES AND:** ジェーン・リンチは「YES AND」というルールを説明し、YESは与えられた状況を受け入れる段階（accept）で、これを自分のこととして消化し、新しく作りだす（take it and build）段階をANDとした。

I knew if I stayed around long enough, something like this would happen.

—*George Bernard Shaw's epitaph*

長い間ぐずぐずしていれば、こうなることはわかっていた。

——ジョージ・バーナード・ショーの墓碑銘

.............................PLUS
epitaph 墓碑銘

Don't be absent from your own life.

—Jessica Lange, Commencement Address at Sarah Lawrence College, 2008

あなたの人生を不在にしてはなりません。

——ジェシカ・ラング、2008年サラ・ローレンス大学卒業式祝辞

PLUS

absent 欠席して、不在の

★ジェシカ・ラング：女優
米国の映画俳優。1976年に映画『キングコング』でデビュー。最近の出演作は『アメリカン・ホラー・ストーリー（2011年）』、『君への誓い（2012年）』等。

When I was 17, I read a quote that went something like: "If you live each day as if it was your last, some day you'll most certainly be right." It made an impression on me, and since then, for the past 33 years, I have looked in the mirror every morning and asked myself: "If today were the last day of my life, would I want to do what I am about to do today?" And whenever the answer has been "no" for too many days in a row, I know I need to change something.

—Steve Jobs, Commencement Address at University of Stanford, 2005

17才のとき、私はこのような引用文を読みました。「毎日を最後の一日であるかのように生きれば、あなたはいつか間違いなく優れた人間になるでしょう」。私はこの文章に感銘を受け、その後、33年のあいだ、毎朝鏡をのぞきこんでは自分に問いかけました。「もし今日が私の最後の日だったら、今日やろうとしていることをしたいだろうか？」そして、それからの数日間、答えがいつも「No」だったなら、自分には何らかの変化が必要とわかります。

——スティーブ・ジョブズ、Apple元最高経営責任者、2005年スタンフォード大学卒業式祝辞

PLUS

quote 引用　impression 印象　be about to ～ まさに～しようとしている
in a row 連続して

It's up to each of us to define ourselves. It's up to each of us to invent our own future with the choices we make and the actions we take.

—Michelle Obama, U.S. First Lady,
Commencement Address at Virginia Tech, 2012

自分自身を定義することは、私たちそれぞれにかかっています。未来を作り上げることも、私たちの選択や行動にかかっています。

──ミシェル・オバマ、米国ファーストレディー、2012年バージニア工科大学卒業式祝辞

PLUS
define 定義する　be up to ～次第だ

Happiness equals smiles minus frowns.

—Steve Wozniak, Apple Co-founder, Commencement Address at Santa Clara University, 2012

幸せとは、微笑みからしかめ面を引いたものです。

──スティーブ・ウォズニアック、Apple共同設立者、2012年サンタクララ大学卒業式祝辞

PLUS
frown 難しい顔つき、渋面

TRACK 16

16
Share What You Have
あなたのものを分かちあう

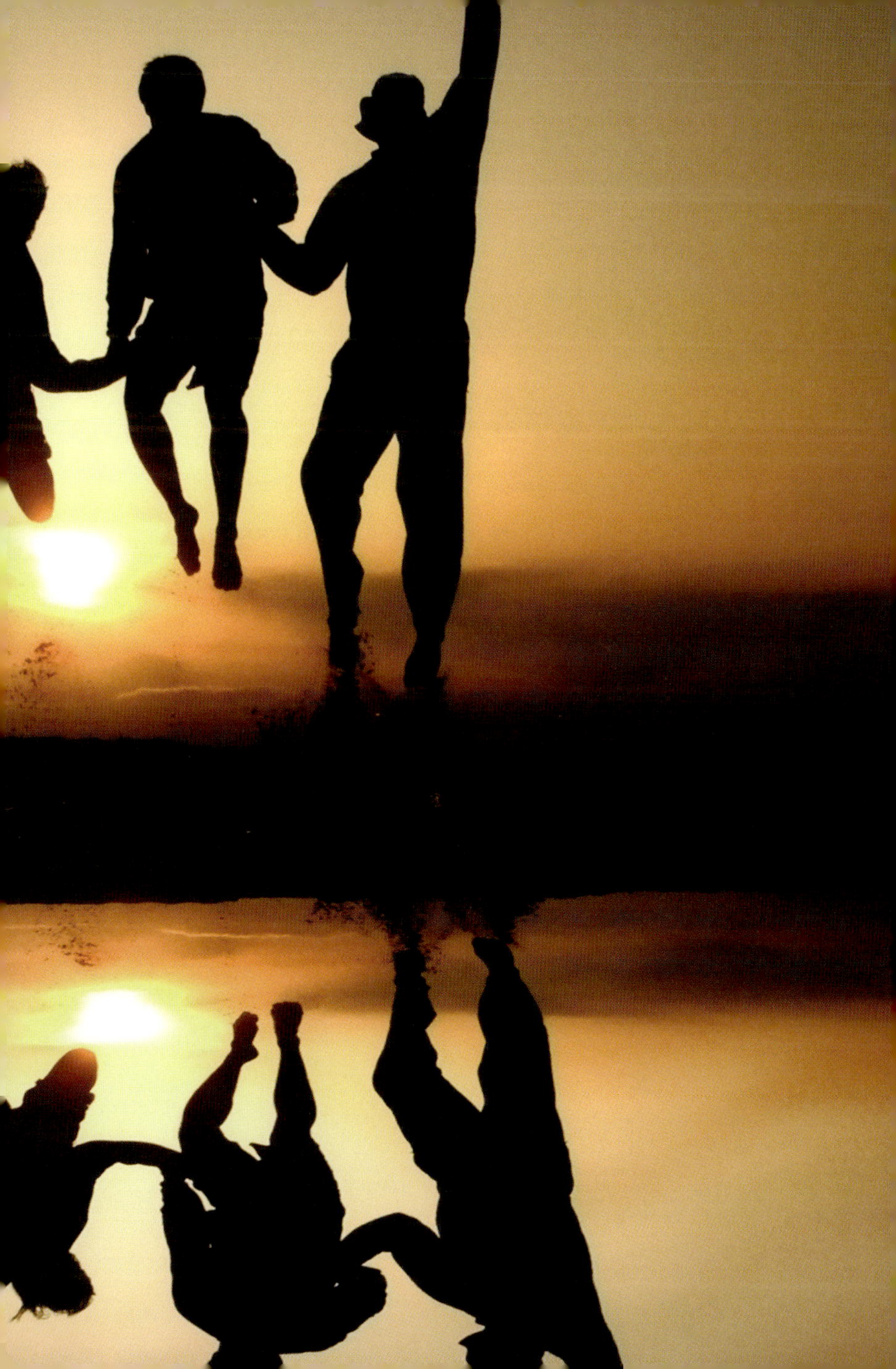

One day you will understand that it is harder to be kind than to be clever.

—*Jeff Bezos, Amazon.com CEO, Commencement Address at Princeton University, 2010*

いつか、利口なことよりも、親切であることのほうが難しいとわかるでしょう。

——ジェフ・ベゾス、Amazon.com 最高経営責任者、2010年プリンストン大学卒業式祝辞

PLUS

clever 才気のある

It is not how big your share is, it's how much you can share.

—*Eddi Reader, from 'What You've Got'*

どれほど大きなものを分かちあうかではなく、どれほど多くのものを分かちあえるかが重要なのです。

——エディ・リーダー、「手にしているもので何をするか」より

PLUS

share 分かちあう

Kindness is an everyday byproduct of all the great virtues.

—*Krista Tippett, Reconnecting with compassion*

優しさとは、すばらしい美徳から生まれるありふれた副産物です。

——クリスタ・ティペット、「思いやりと再びつながること」講演より

PLUS

byproduct 副産物　virtue 美徳　compassion 慈悲心、思いやり

★クリスタ・ティペット：ジャーナリスト
ジャーナリスト、作家、公共ラジオ番組「On Being」の司会。

The two most powerful words when we're in struggle: me too.

—*Brené Brown, Listening to shame*

もがき苦しんでいるときに、もっとも力強く感じる言葉があります。「私も、同じよ」

——ブレネー・ブラウン、『恥について考えましょう』講演より

----------------------PLUS
struggle あがく、苦闘する、必死の努力をする

Having an experience is taking part in the world. Taking part in the world is really about sharing responsibility.

—*Olafur Eliasson, Playing with space and light*

経験するということは、世界に参加することです。世界に参加するということは、実は責任を分かちあうことなのです。

——オラファー・エリアソン、「空間と光で遊ぶ」講演より

----------------------PLUS
take part 加わる、参加する　**responsibility** 責任

★オラファー・エリアソン：芸術家
ガラス、鏡、照明などの人工的な材料と、水、霧、苔のような自然要素をツールとして、これまでの約20年間、科学と融合した独特な芸術世界を具現してきた、デンマーク出身の現代美術作家。

Chance favors the connected mind.

—Steven Johnson, Where good ideas come from

心が結ばれている人たちのもとに機会は訪れます。

——スティーブン・ジョンソン、「よいアイデアはどこで生まれる？」講演より

PLUS

★スティーブン・ジョンソン：作家
『ニューズウィーク』の「インターネット上でもっとも重要な人物50人」に選ばれたサイエンスライター。著書は『イノベーションのアイデアを生み出す七つの法則』等。

It is important to use your empathy muscle every day. Empathy is an important habit of the mind; empathy is something that I think is teachable; empathy is something you have to work on developing again and again forever. You have to marry that skill with the ability to, at any time, just stop and really try to experience the world from the shoes of others.

—Jim Yong Kim, World Bank President, Dartmouth's Presidential Lecture Series

毎日、共感という筋肉を使うことが大切です。共感は重要な心の習慣です。共感は教えることができるものだと思います。共感は永遠に発達させなくてはならないものです。どんなときでも、あなたはそのスキルと、立ち止まって他人の立場になる能力とを結びつけなくてはなりません。

——ジム・ヨン・キム、世界銀行総裁、ダートマス大学総長講演

PLUS

empathy 共感　**teachable** 教えることができる、教えやすい　**the shoes of others** 他者の立場

Spending on other people has a bigger return for you than spending on yourself.

—Michael Norton, How to buy happiness

他人のためにお金を使うほうが、自分のために使うよりも大きなリターンがあります。

——マイケル・ノートン、「幸せを買う方法」講演より

PLUS
spend on（時間、お金を）〜に使う　return 返還、還付

When we give in the world what we want the most, we heal the broken part inside each of us.

—Eve Ensler, Happiness in body and soul

もっとも望むものを与えれば、私たちの内側の壊れた部分が癒されます。

——イヴ・エンスラー、「心と身体に宿る幸せ」講演より

PLUS
heal 治癒する
★イヴ・エンスラー：劇作家、詩人、社会運動家

My mother, who was filled with pride the day I was admitted here — never stopped pressing me to do more for others. A few days before my wedding, she hosted a bridal event, at which she read aloud a letter about marriage that she had written to Melinda. My mother was very ill with cancer at the time, but she saw one more opportunity to deliver her message, and at the close of the letter she said: "From those to whom much is given, much is expected."

—Bill Gates, Microsoft Chairman, Commencement Address at Harvard University, 2007

ここに入学した日、私の母親は誇らしげにしていたものですが、彼女には、他人の役に立つことをしなさい、といつも言われていました。結婚式の数日前、母親はお祝いのパーティーを主催して、そこでメリンダに宛てた手紙を読み上げました。当時、母親は癌のため、とても具合が悪かったのですが、もう一度メッセージを伝える機会を見つけたのです。手紙の最後で、母親は言いました。「たくさんのものを与えられた者は、多くを期待されます」

——ビル・ゲイツ、Microsoft会長、2007年ハーバード大学卒業式祝辞

PLUS

pride 自尊心　**expect** 期待する

I know that as you sit here today...with all the tests and classes and papers behind you...and your careers still ahead of you...it's hard to think that you'll be so successful you'll want to share your wealth. But I'm here to tell you that giving back doesn't always mean money. It means sharing your time and your talent — or even your airline miles.

—Eli Broad, Commencement Address at
UCLA School of Arts and Architecture, 2006

あなたたちは試験や授業、論文などをすべて後にして、これからのキャリアを前にして、今、ここに座っています。あなたたちがとても成功して、富を分かちあいたいと考えているとは思えません。しかし、世の中に還元するものは常にお金だというわけではありません。あなたの時間や才能、あるいはエアラインマイルでさえも分かちあうことができるのです。

──エリ・ブロード、2006年カルフォルニア大学ロサンゼルス校芸術・建築学部卒業式祝辞

PLUS
paper 論文　**share** わける

Cleverness is a gift, kindness is a choice. How will you use your gifts? What choices will you make?

—Jeff Bezos, Amazon.com CEO, Commencement Address
at Princeton University, 2010

賢さというのは贈り物です。優しさというのは選択です。あなたは贈り物をどのように使いますか？　あなたはどんな選択を行いますか？

──ジェフ・ベゾス、Amazon.com 最高経営責任者、2010年プリンストン大学卒業式祝辞

Giving is as good as getting. Compassion is as important as ambition.

—Tony Blair, Former British Prime Minister, Commencement Address at Colby College, 2012

与えることと得ることは同じものです。思いやりは野心と同じくらい大切です。

——トニー・ブレア、英国元首相、2012年コルビー大学卒業式祝辞

PLUS

compassion 慈悲心、思いやり　　ambition 野心

Something that seemed risky for me in the end was not risky at all, in my view. So doing things for others that might then reflect negatively on you, because it was a risk for you, is a good thing. That is something that is not just sort of looking at the possibility of great reward and letting your nucleus accumbens take over, but it's thinking hard about how to make the world a better place.

*—Jim Yong Kim, World Bank President,
Dartmouth's Presidential Lecture Series*

私にとって危険に見えたものは最終的にはまったく危険ではありませんでした。だから、あなたに否定的な評価をもたらすかもしれない危険なことも、他者のために行ったことならば、よいことなのです。それは大きな報奨を期待して行うことではなく、快感を感じるために行うことでもありません。ただ、どのように世の中をよりよい場所にできるかを一生懸命考えることなのです。

──ジム・ヨン・キム、世界銀行総裁、ダートマス大学総長講演

PLUS

nucleus accumbens 脳の側坐核（快感を感じる部位）

TRACK 17

17
Keep Learning
学び続けなさい

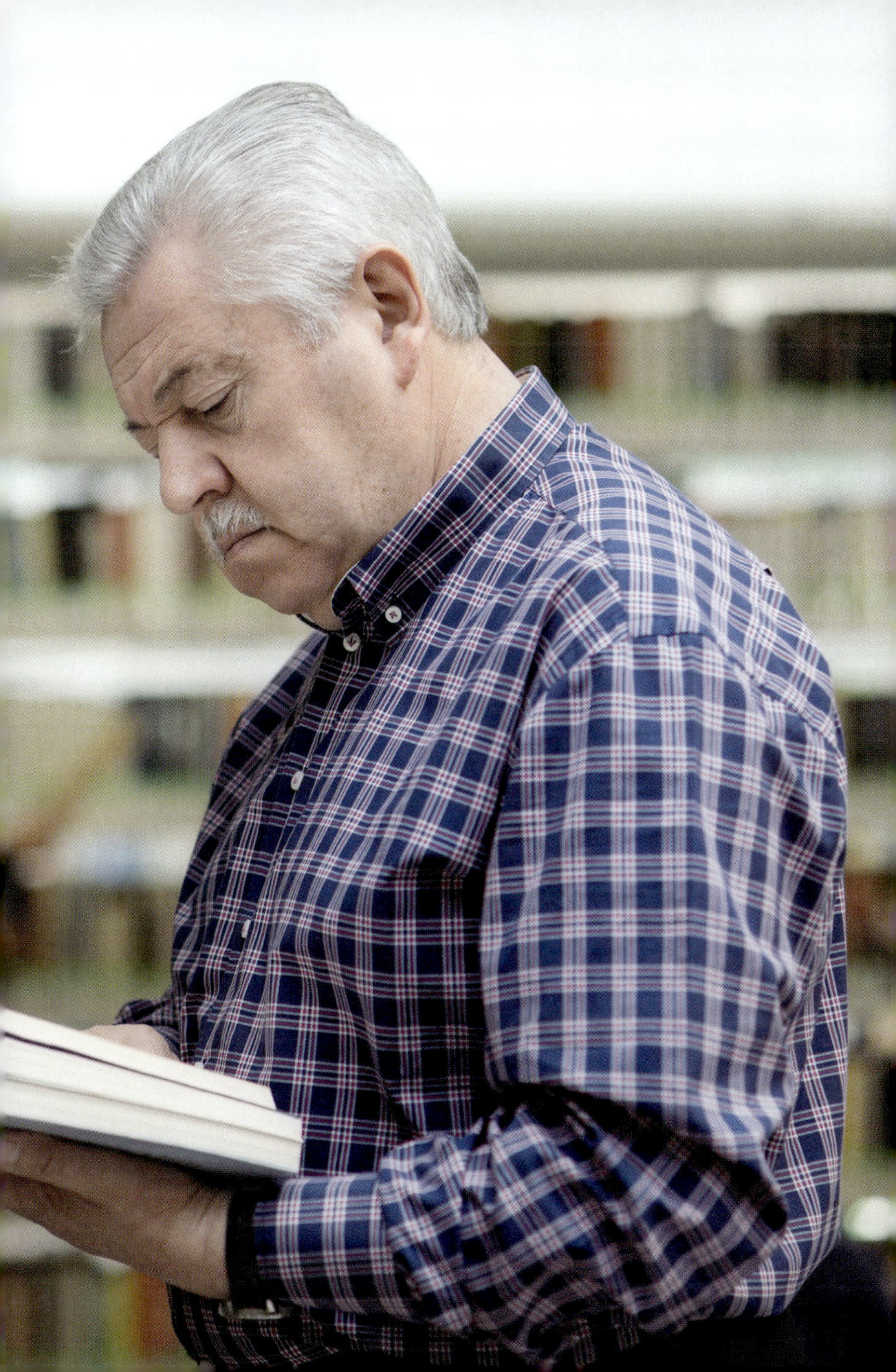

The lust for learning is age-independent.
  —David L. Calhoun, Commencement Address at Virgina Tech, 2005

学びへの欲望は年齢とは関係ありません。
  ——デイヴィッド・カルフーン、2005年バージニア工科大学卒業式祝辞

........................PLUS
  lust 熱望、強い欲望　**age-independent** 年齢には関係ない
  ★デイヴィッド・カルフーン：ニールセン・カンパニー最高経営責任者
  バージニア工科大学で会計学を専攻した後、ゼネラル・エレクトリック社長やボーイング社理事を歴任。現在は市場調査企業ニールセン・カンパニー最高経営責任者である。

Learning is one of life's most essential activities, and it begins much earlier than we ever imagined.
  —Annie Murphy Paul, What we learn before we're born

学びとは、人生におけるもっとも本質的な活動のひとつです。それは、私たちが想像する以上に早い時期から始まります。
  ——アニー・マーフィー・ポール、「私たちが生まれてくる前に学ぶこと」講演より

........................PLUS
  essential 本質的な、必須の
  ★アニー・マーフィー・ポール：雑誌記者
  2度目の妊娠のとき、9か月間の「胎児期」取材に乗り出した。『ニューヨークタイムズ・マガジン』に連載されたコラムが『Best American Science Writing』に収録されて、2010年に単行本『Origins』を発売。その当時、『タイム』誌のカバーを飾る。

Education needs to work by pull, not push.
—Charles Leadbeater, Education innovation in the slums

教育は進んで参加するように導くものであって、押しつけるものではありません。
——チャールズ・リードビーター、「スラム街の教育革新」講演より

PLUS

pull 引く　push 押す

★チャールズ・リードビーター：著述家、元トニー・ブレア首相アドバイザー
オックスフォード大学卒業後、『フィナンシャル・タイムズ』で東京支局長、企画記事担当部長などを務めた。後に『インデペンデント』に移る。現在、英国の影響力あるシンクタンクであるDEMOS（デモス）の専任研究員、オックスフォード大学サイード経営大学院の訪問研究員、国立科学技術および芸術基金の客員研究員として活動している。

Pursue knowledge seriously. I don't mean take yourself seriously. I mean take seriously the importance of figuring out how you learn best.
—Jim Yong Kim, World Bank President, Inauguration of 17th President of Dartmouth

真剣に知識を追求しなさい。真面目になれと言っているのではありません。あなたにとっての、もっとも効率的な学習方法について真剣に考えてみる必要があるという意味です。
——ジム・ヨン・キム、世界銀行総裁、ダートマス大学17代総長就任演説

PLUS

pursue 従事する、追求する　figure out 解明する、理解する

People ask me sometimes, who inspires you, Mr. President? Those quiet heroes all across this country — some of your parents and grandparents who are sitting here — no fanfare, no articles written about them, they just persevere. They just do their jobs. They meet their responsibilities. They don't quit. I'm only here because of them. They may not have set out to change the world, but in small, important ways, they did.

—Barack Obama, U.S. President, Commencement Address at Barnard College, 2012

大統領、あなたは誰からインスピレーションを得ていますか、と聞かれることがときどきあります。私にインスピレーションを与えてくれる静かな英雄はこの国のいたるところにいます。彼らは華やかに紹介されたり、記事に書かれたりするような英雄ではなく、ここに座っておられる皆さんのご両親、祖父母様のように何ごとにも屈しない人たちです。彼らはただ自分の仕事をやり抜きます。彼らは責任を果たします。彼らは途中で辞めたりしません。彼らのおかげで、私はここにいるのです。彼らは世界を変えようと何かを始めることはないかもしれませんが、小さくても重要なことを行ってきたのです。

——バラク・オバマ、米国大統領、2012年バーナード大学卒業式祝辞

PLUS

fanfare ファンファーレ **set out** 始める、着手する **persevere** 忍耐する、屈せずにやり通す

Never stop learning. Carry on. Successful people are not defined by a restless search for fame and fortune but by an insatiable desire to be better and an infinite curiosity as to how. They're perpetual voyagers on the journey of selfimprovement.

—*Tony Blair, Former British Prime Minister, Commencement Address at Colby College, 2012*

学ぶことを止めないでください。続けてください。成功者とは名声や富の絶え間ない探求によってではなく、より向上しようという飽くなき願望や、無限の好奇心によって定義されます。彼らは自己鍛錬という旅の永遠なる旅人なのです。

——トニー・ブレア、英国元首相、2012年コルビー大学卒業式祝辞

------------------------- PLUS

carry on 〜を継続する　restless 絶え間なく　fame 名声　fortune 富
insatiable 飽くなき、貪欲な　infinite 無限の　curiosity 好奇心
perpetual 絶え間ない、永続する　voyager 旅行者

Keep learning because you just never know what life has in store for you next.

—*Margaret Spellings, Commencement Address at Princeton University, 2010*

学び続けてください。人生がこの先、あなたのために何を準備してくれているのかわからないからです。

——マーガレット・スペリングス、2010年プリンストン大学卒業式祝辞

------------------------- PLUS

★マーガレット・スペリングス：米国ブッシュ政権下の教育長官

The key to success is continuously maintaining an everpresent curiosity.

—*Sonia Sotomayor, Commencement Address at New York University, 2012*

成功への鍵は常に好奇心を持ち続けることです。

——ソニア・ソトマイヨール、2012年、ニューヨーク大学卒業式祝辞

PLUS

maintain 維持する　**continuously** 絶え間なく　**ever-present** 常に存在する

★ソニア・ソトマイヨール：最高裁判事
2009年8月9日に就任した、初のヒスパニック系米連邦最高裁判事。

スピーカー索引

アーノルド・シュワルツェネッガー　127
- 俳優、元カリフォルニア州知事

アーロン・ソーキン　59, 110
- シナリオ作家

アダム・サヴェッジ　14, 83, 88, 96
- ディスカバリー・チャンネルの『怪しい伝説』の司会者の一人

アニー・マーフィー・ポール　148
- 雑誌記者

アラン・アルダ　74
- 俳優

アリアナ・ハフィントン　54
- ハフィントンポストメディアグループ会長、編集長

アンジェラ・アーレンズ　18
- バーバリー最高経営責任者

イヴ・エンスラー　141
- 劇作家、詩人、社会運動家

イヴォンヌ・ソートン　24, 47
- ピューリッツァー賞ノミネート作家

ウィンストン・チャーチル　49
- 英国元首相

ウッディ・ヘイズ　125
- オハイオ州立大学フットボールコーチ

エイミー・ポーラー　97, 108
- 女優、コメディアン

エディ・リーダー　138
- 歌手

エリ・ブロード　22, 117, 143
- サンアメリカ創業者

エリアス・ザフーニ　28
- 最高保健評議会議員

エリック・シュミット　37, 41, 67, 101, 109
- Google会長

オミッド・コーデスタニ　83
- Googleのワールドワイド事業開発兼営業担当元上級副社長

オラファー・エリアソン　139
- 芸術家

カーリー・フィオリーナ　19
- ヒューレット・パッカード元最高経営責任者

クリスタ・ティペット　138
- ジャーナリスト

ケイティ・クーリック　13, 62
- ニュースキャスター

ケン・ロビンソン　52
- 教育学博士

コリー・ブッカー　12
- 米国ニュージャージー州ニューオーク市市長

サイモン・シネック　31
- 『WHYから始めよ！――インスパイア型リーダーはここが違う』の著者

サットン・フォスター　38
- ミュージカル俳優

サムナー・レッドストーン　37
- CBSグループ、パラマウント映画社、MTVネットワークス、バイアコム会長

サルマン・カーン　55
- カーン・アカデミー創業者（無料オンライン教育プラットフォーム）

サンジェイ・グプタ　103
- CNN医療担当記者

J.K.ローリング　57, 58, 73, 96
- 作家

ジェイミー・ハイネマン　126
- 特殊効果専門家

ジェームズ・フランコ　119
- 俳優

ジェーン・リンチ　98, 110, 116, 133
- 女優、コメディアン、歌手

ジェシカ・ラング　134
- 女優

ジェフ・ベゾス　41, 81, 138, 143
- Amazon.com最高経営責任者

ジェフ・マルガン　45
- NESTA（ネスタ）代表

ジェリー・ザッカー　67
- 映画監督

シェリル・サンドバーグ　19, 40, 64
- Facebook最高執行責任者

ジム・ヨン・キム　11, 28, 36, 107, 123, 140, 145, 149
- 第12代世界銀行総裁

ジャクリーン・ノヴォグラッツ　58
- アキュメン・ファンド設立者

ジュリアナ・マルグリーズ　*86, 102*
- 女優

ジュリエット・ビノシュ　*118*
- 女優

ジョー・プルメリ　*10*
- ウィリスグループ最高経営責任者

ジョージ・バーナード・ショー　*116, 133*
- 劇作家

ジョージ・ホワイトサイズ　*72*
- ハーバード大学最高名誉教授、化学者

ショーン・エイカー　*106*
- グッド・シンク代表

ジョン・スチュワート　*90, 114*
- 映画俳優、コメディアン

ジョン・ボン・ジョヴィ　*69*
- ミュージシャン、俳優

ジョン・マッキー　*44*
- ホールフーズ・マーケット最高経営責任者

スーザン・リー　*103*
- ジェマイ・ホールディングス最高経営責任者

スティーブ・ウォズニアック　*33, 47, 91, 135*
- Apple共同設立者

スティーブ・ケース　*63*
- アメリカオンライン（AOL）創立者

スティーブ・ジョブズ　*80, 134*
- Apple創業者、元最高経営責任者

スティーブ・バルマー　*129*
- Microsoft最高執行責任者

スティーブン・ジョンソン　*140*
- 作家

ステイシー・クレイマー　*115*
- ワード・フォー・ワード創立者

ステフォン・ハリス　*53*
- ジャズミュージシャン

ソニア・ソトマイヨール　*152*
- 最高裁判事

ターリ・シャーロット　*97*
- 神経科学専門家、英国ロンドン大学認知神経科学教授

ダグラス・スミス　*20*
- 国連環境大使、オーストラリア専門旅行会社代表

ダニエル・デネット　*122*
- 「心の哲学」、「科学哲学」、「生物学の哲学」について研究する哲学者

ダン・アリエリー　*78*
- 大学教授

チャールズ・リードビーター　*149*
- 著述家、元トニー・ブレア首相アドバイザー

デイヴィッド・カルフーン　*148*
- ニールセン・カンパニー最高経営責任者

デイヴィッド・コート　*108*
- ハネウェル・インターナショナル社長

デイヴィッド・ブルックス　*114*
- コラムニスト

ティム・クック　*79, 81*
- Apple最高経営責任者

デール・ダハティ　*45*
- オライリーメディアの共同創業者

テッド・ターナー　*126*
- CNN創立者

デニス・マックルゲージ　*117*
- 女性レーサー、著述家、ジャーナリスト、フォトグラファー

テリー・ティーチアウト　*29*
- コラムニスト

デンゼル・ワシントン　*106*
- 俳優

トニー・ブレア　*14, 111, 144, 151*
- 英国元首相

トム・マグリオッジ＆レイ・マグリオッジ　*132*
- 放送ジャーナリスト

ニール・ゲイマン　*15, 21, 39, 48, 56, 59, 65, 73, 88, 99, 115*
- ベストセラー作家

バラク・オバマ　*102, 122, 124, 150*
- 米国大統領

ビズ・ストーン　*72*
- Twitter共同創業者

ビル・ゲイツ　*20, 142*
- Microsoft元会長、理事会議長、ビル＆メリンダ・ゲイツ財団共同会長

ブライアン・ケニー　*87*
- MLB（メジャーリーグ）解説者、元ESPNスポーツ解説者

ブライアン・ダイソン　*44*
- コカ・コーラ最高経営責任者

ブラッドリー・ウィットフォード　*18, 36*
- 俳優

ブレネー・ブラウン　*62, 64, 139*
- 作家、大学教授

ポール・アーデン　*52*
- 広告クリエーター

ボビー・ナイト　*127*
- 大学バスケットボール監督

マーガレット・スペリングス　*151*
- 米国ブッシュ政権下の教育長官

マーク・ザッカーバーグ　*92, 128*
- Facebook 創業者

マーク・ベゾス　*132*
- ロビンフッド常務

マーク・ルイス　*13*
- 臨床心理学教授

マイケル・J・フォックス　*123*
- 俳優

マイケル・ウスラン　*107*
- 映画『バットマン』シリーズのプロデューサー

マイケル・ジョーダン　*53, 99*
- 米国の元バスケットボール選手

マイケル・デル　*68, 78*
- DELL 最高経営責任者

マイケル・ノートン　*141*
- ハーバード大学の経済学者

マット・カッツ　*93*
- Google のウェブスパム対策チームリーダー、総括エンジニア

マリア・シュライバー　*25, 82*
- 放送ジャーナリスト

ミシェル・オバマ　*89, 135*
- 米国オバマ大統領夫人、弁護士

ラーム・エマニュエル　*54*
- シカゴ市長

ラリー・エリソン　*49*
- Oracle 最高経営責任者

ラリー・ペイジ　*32*
- Google 最高経営責任者

ランディ・パウシュ　*46*
- カーネギーメロン大学コンピュータサイエンス教授

リード・ホフマン　*75*
- リンクドイン共同創立者

リチャード・セント・ジョン　*86*
- マーケティング・リサーチャー、アナリスト

ルース・ウェストハイマー　*38*
- 米国のセックス・セラピスト、作家

レイチェル・マドー　*87*
- ニュースキャスター

レディー・ガガ　*29*
- 歌手

ロジャー・グッデル　*30*
- 米国の NFL（ナショナルフットボールリーグ）コミッショナー

ロバート・デ・ニーロ　*100*
- 俳優

Aaron Sorkin *59, 110*
Adam Savage *14, 83, 88, 96*
Alan Alda *74*
Amy Poehler *97, 108*
Angela Ahrendts *18*
Annie Murphy Paul *148*
Arnold Schwarzenegger *127*
Arriana Huffington *54*
Barack Obama *102, 122, 124, 150*
Bill Gates *20, 142*
Biz Stone *72*
Bobby Knight *127*
Bradley Whitford *18, 36*
Brené Brown *62, 64, 139*
Brian Dyson *44*
Brian Kenny *87*
Carly Fiorina *19*
Charles Leadbeater *149*
Cory Booker *12*
Dale Dougherty *45*
Dan Ariely *78*
Dan Dennett *122*
David Brooks *114*
David Cote *108*
David L. Calhoun *148*
Denise McCluggage *117*
Denzel Washington *106*
Douglas Smith *20*
Eddi Reader *138*
Eli Broad *22, 117, 143*
Elias Zerhouni *28*
Eric Schmidt *37, 41, 66, 101, 109*
Eve Ensler *141*
Geoff Mulgan *45*
George Bernard Shaw *116, 133*
George Whitesides *72*
J.K. Rowling *57, 58, 73, 96*
Jacqueline Novogratz *58*

James Franco *119*
Jamie Hyneman *126*
Jane Lynch *98, 110, 116, 133*
Jeff Bezos *41, 81, 138, 143*
Jerry Zucker *67*
Jessica Lange *134*
Jim Yong Kim
  11, 28, 36, 107, 123, 140, 145, 149
Joe Plumeri *10*
John Mackey *44*
John Stewart *90, 114*
Jon Bon Jovi *69*
Julianna Margulies *86, 102*
Juliette Binoche *118*
Katie Couric *13, 62*
Ken Robinson *52*
Krista Tippett *138*
Lady Gaga *29*
Larry Ellison *49*
Larry Page *32*
Margaret Spellings *151*
Maria Shriver *25, 82*
Mark Bezos *132*
Mark Lewis *13*
Mark Zuckerberg *92, 128*
Matt Cutts *93*
Michael Dell *68, 78*
Michael J. Fox *123*
Michael Jordan *53, 99*
Michael Norton *141*
Michael Uslan *107*
Michelle Obama *89, 135*
Neil Gaiman
  15, 21, 39, 48, 56, 59, 65, 73, 88, 99, 115
Olafur Eliasson *139*
Omid Kordestani *83*
Paul Arden *52*
Rachel Maddow *87*

Rahm Emanuel *54*
Randy Pausch *46*
Reid Hoffman *75*
Richard St. John *86*
Robert De Niro *100*
Roger Goodell *30*
Ruth Westheimer *38*
Salman Khan *55*
Sanjay Gupta *103*
Shawn Achor *106*
Sheryl Sandberg *19, 40, 64*
Simon Sinek *31*
Sonia Sotomayor *152*
Stacey Kramer *115*
Stefon Harris *53*
Steve Ballmer *129*

Steve Case *63*
Steve Jobs *80, 134*
Steve Wozniak *33, 47, 91, 135*
Steven Johnson *140*
Sumner Redstone *37*
Susan Lee *103*
Sutton Foster *38*
Tali Sharot *97*
Ted Turner *126*
Terry Teachout *29*
Tim Cook *79, 81*
Tom and Ray Magliozzi *132*
Tony Blair *14, 111, 144, 151*
Winston Churchill *49*
Woody Hayes *125*
Yvonne Thorton *24, 47*

HEALING SPEECH
ヒーリング・スピーチ

2014年4月2日　第1刷発行

著　者　　チョン・ソッキョ

訳　者　　藤 田 優 里 子

発行者　　浦　　晋　亮

発行所　　IBCパブリッシング株式会社
　　　　　〒162-0804 東京都新宿区中里町29番3号　菱秀神楽坂ビル9F
　　　　　Tel. 03-3513-4511　Fax. 03-3513-4512
　　　　　www.ibcpub.co.jp

印刷所　　日新印刷株式会社

© 2012 Jeong Seok Kyo
© 2014 IBC Publishing, Inc.

Printed in Japan

落丁本・乱丁本は、小社宛にお送りください。送料小社負担にてお取り替えいたします。
本書の無断複写（コピー）は著作権法上での例外を除き禁じられています。

ISBN978-4-7946-0269-5